Exercícios
de Análise Financeira

Exercícios de Análise Financeira

2017 • 2ª Edição Revista e Aumentada

Paulo Miguel Gama
Pedro Marcelo Torres

EXERCÍCIOS DE ANÁLISE FINANCEIRA
1ª Edição: Setembro 2015
AUTORES
Paulo Miguel Gama
Pedro Marcelo Torres
EDITOR
EDIÇÕES ALMEDINA, S.A.
Rua Fernandes Tomás, nºs 76-80
3000-167 Coimbra
Tel.: 239 851 904 · Fax: 239 851 901
www.almedina.net · editora@almedina.net
DESIGN DE CAPA
FBA.
PRÉ-IMPRESSÃO
EDIÇÕES ALMEDINA, SA
IMPRESSÃO E ACABAMENTO
Vasp - DPS

Fevereiro, 2017
DEPÓSITO LEGAL
421120/17

Os dados e as opiniões inseridos na presente publicação são da exclusivas responsabilidade do(s) seu(s) autor(es).
Toda a reprodução desta obra, por fotocópia ou outro qualquer processo, sem prévia autorização escrita do Editor, é ilícita e passível de procedimento judicial contra o infrator.

 | GRUPOALMEDINA

BIBLIOTECA NACIONAL DE PORTUGAL – CATALOGAÇÃO NA PUBLICAÇÃO
GAMA, Paulo Miguel, e outro
Exercícios de análise financeira / Paulo Miguel Gama, Pedro Marcelo Torres. – 2ª ed. rev. e aum

ISBN 978-972-40-6784-1

I – TORRES, Pedro Marcelo

CDU   657

ÍNDICE

Lista de siglas	7
Nota prévia	11
1. Conceitos base	15
2. Análise da área financeira	25
3. Análise da área económica	45
4. O risco e as alavancas operacional e financeira	63
5. Introdução à avaliação de projetos de investimento	75
6. O relatório de análise económica e financeira global	97
6.1. Caso Alfa	102
6.2. Caso Beta	126
6.3. Caso Omega	146

LISTA DE SIGLAS

A	Ativo (líquido)
AC	Ativos Correntes
AccCF	*Cash flow* Acumulado
ACL	Adiantamentos de Clientes
AE	Ativo Económico
AF	Autonomia Financeira
AFL	Ativo Fixo Líquido
AFO	Adiantamentos a Fornecedores
ANC	Ativos Não Correntes
CA	Capitais Alheios
CCX	Ciclo de Caixa
CF	*Cash flow*
CFF	*Cash Flow* Financiamento
CFG	*Cash Flow* Global
CI	Capitais Investidos
CLI	Clientes
CMC	Custo médio do capital (antes de impostos)
CMCA	Custo Médio dos Capitais Alheios
CMDF	Custo Médio da Dívida Financeira
CMP	Compras
CP	Capitais Permanentes
C'P	Capitais Próprios
d	Taxa de Distribuição de Dividendos
DA	Depreciações e Amortizações
DF	Dívida Financeira

DFC	Demonstração dos Fluxos de Caixa
DINV	Duração Média de Inventários
DIV	Dividendos
EAT	Elementos Ativos de Tesouraria
EBIT	Resultados antes de Juros e Impostos (tradução de *Earnings Before Interest and Taxes*)
EBITDA	Resultados antes de Depreciações, Gastos de Financiamento e Impostos (tradução de *Earnings Before Interest, Taxes, Depreciation and Amortization*)
Ef	Existência Final de Inventários
EFL	Encargos Financeiros Líquidos
Ei	Existência Inicial de Inventários
EPT	Elementos Passivos de Tesouraria
FCF	*Cash Flow* Livre (tradução de *Free Cash Flow*)
FIS	Efeito Fiscal
FM	Fundo de Maneio
FMN	Fundo de Maneio Necessário
FOR	Fornecedores
g^*	Taxa de Crescimento Sustentável
GAC	Grau de Alavanca Combinado
GAF	Grau de Alavanca Financeira
GAO	Grau de Alavanca Operacional
GOF	Gastos Operacionais Fixos
GOV	Gastos Operacionais Variáveis
IAF	Índice de Alavanca Financeira
INV	Inventários
INVAF	Investimento em Ativos Fixos
INVFMN	Investimento em Fundo de Maneio Necessário
ISR	Imposto Sobre o Rendimento (das sociedades)
IVA	Imposto sobre o Valor Acrescentado
kd	Custo da Dívida
ke	Custo do Capital Próprio (com endividamento)
km	Custo Médio Ponderado do Capital (após impostos)
ku	Custo do Capital Próprio (sem endividamento)
LG	Liquidez Geral
LI	Liquidez Imediata
LR	Liquidez Reduzida
MC	Margem de Contribuição

MLB	Meios Libertos Brutos
MSO	Margem de Segurança Operacional
NC	Necessidades Cíclicas
NFM	Necessidades de Fundo de Maneio
NFMP	Necessidades de Fundo de Maneio Permanentes
NFMT	Necessidades de Fundo de Maneio Temporárias
PC	Passivos Correntes
PCO	Ponto Crítico Operacional
PME	Pequena e Média Empresa
PMP	Prazo Médio de Pagamento
PMR	Prazo Médio de Recebimento
PNC	Passivos Não Correntes
PRO	Produção
PVCF	Valor Atual do *Cash Flow*
RAI	Resultado antes de Impostos
RAI	Rotação do Ativo
RC	Recursos Cíclicos
RCO	Resultados Correntes
RC'P	Rendibilidade dos Capitais Próprios
RE	Recursos Estáveis
RLC	Resultado Líquido Corrente
RLP	Resultado Líquido do Período
RNC	Resultados Não Correntes
RO	Resultados Operacionais
ROA	Rendibilidade Operacional do Ativo
ROCI	Rendibilidade Operacional Capitais Investidos
ROV	Rendibilidade Operacional de Vendas
RR	Resultado Residual
SNC	Sistema de Normalização Contabilística
t	Taxa de Imposto sobre o Rendimento (das sociedades)
TIR	Taxa Interna de Rendibilidade
TL	Tesouraria Líquida
VAL	Valor Atual Líquido
VALA	Valor Atual Líquido Ajustado
VALF	Valor Atual Líquido do Financiamento
VN	Volume de Negócios
VT	Valor Terminal

NOTA PRÉVIA

A organização deste manual tem por objetivo disponibilizar um conjunto de materiais, exercícios de exame, que de outra forma ficariam restritos aos utilizadores dos respetivos enunciados.

Surge assim a intenção de escrever um livro que apresente os fundamentos teórico-práticos indispensáveis a um diagnóstico económico e financeiro global de uma empresa, em especial PME, e que possa ser utilizado quer por estudantes de licenciatura ou pós-graduação quer por profissionais que, por não terem formação específica em Finanças, necessitem destes conhecimentos. Optou-se por isso por uma apresentação baseada em exemplos práticos, procurando retirar do rigor conceptual o princípio de atuação que permite adaptar o conjunto de instrumentos de análise às diversas situações empresariais.

Para cada exercício de exame escolhido, designadamente os exercícios práticos, propomos uma solução numérica e, sobretudo, procuramos explicar o raciocínio que esteve na base da solução proposta. Este, mais do que aquela, constitui, em nossa opinião, o elemento diferenciador do sucesso no estudo destas matérias. Na verdade, mais do que a réplica de um exercício numérico que qualquer folha de cálculo devidamente programada pode efetuar com precisão, perceber o fundamento para o resultado atingido e os sinais que daí se podem retirar, constitui o essencial para a elaboração de uma adequada opinião sobre a situação financeira e desempenho recente de qualquer organização, de forma a sustentar recomendações tendentes a reforçar pontos fortes e a ultrapassar pontos fracos detetados.

No caso das questões de resposta curta, identificadas pelos estudantes como questões teóricas, sugerimos uma solução possível, conscientes de que outras possibilidades de resposta existem. Aliás, a subjetividade inerente a qualquer diagnóstico económico e financeiro impede a existência de soluções únicas, embora faça depender a correção da resposta dos fundamentos usados para a sustentar.

A seleção de exercícios respeitou dois critérios: diversidade e novidade. Por um lado, procurámos exercícios que abordem a diversidade de tópicos típicos de uma disciplina de análise financeira. Por outro lado, procurámos evitar repetir tópicos, optando por selecionar apenas exercícios únicos para cada tópico.

No final, e em conclusão, apresentamos o relatório de análise financeira global e a sua aplicação a empresas reais, como forma de ilustrar a aplicabilidade dos diferentes métodos e técnicas estudadas, em ambiente não académico.

Para facilitar a apresentação das propostas de solução, optámos por não citar de forma sistemática as fontes a que recorremos. Este procedimento, pouco ortodoxo em textos académicos, constitui uma limitação que esperamos minimizar referenciando agora as obras e os autores mais utilizados.

Ao longo do texto, Neves (2012) constitui uma referência sempre presente. Moreira (2001) e Martins (2004) são particularmente relevantes para a forma como passámos a organizar os conteúdos de um relatório de diagnóstico económico-financeiro global, o que acaba por ter uma tradução direta na organização deste manual. Cohen (1996) é particularmente interessante para o enquadramento da matéria e na proposta da abordagem funcional para análise do equilíbrio financeiro. As questões relacionadas com a análise financeira do crescimento são exemplarmente exploradas em Higgins (2011). Neves (2005) refere em pormenor a questão do resultado residual. Mais recentemente, Fernandes, Peguinho, Vieira e Neiva (2014) constitui um útil manual prático. Uma introdução à problemática da análise da viabilidade económica de projetos de investimento pode ser encontrada em Mota, Barroso, Nunes e Ferreira (2012) e em Soares, Moreira, Pinho e Couto (2012). Os fundamentos de contabilidade financeira podem ser estudados em Borges, Rodrigues e Rodrigues (2010). Uma perspetiva internacional de análise financeira pode ser encontrada em Penman (2013), Friedson e Alvarez (2011), ou Vernimmen, Quiry, Dallocchio, Le Fur e Salvi (2014), entre outros.

Por certo, esta é apenas uma amostra dos inúmeros trabalhos e autores em que temos baseado o desenvolvimento do nosso conhecimento sobre estes assuntos. A todos estes, não referenciados acima mas reconhecidamente relevantes, resta-nos apelar à compreensão da nossa omissão.

Os materiais estão organizados de acordo a estrutura típica de uma disciplina de Análise Financeira do Ensino Superior. Assim, o capítulo 1 aborda questões transversais ao diagnóstico económico e financeiro. O capítulo 2 está focado na análise na perspetiva financeira; questões como o equilíbrio financeiro e a análise financeira do crescimento têm aqui lugar de destaque. O capítulo 3 adota uma janela de observação económica que privilegia a análise da capacidade de remunerar os capitais colocados a disposição da empresa em detrimento do ajustamento dos fluxos financeiros. O capítulo 4 procura avaliar o risco a partir da importância que os gastos estruturais assumem numa dada estrutura de gastos. No capítulo 5, faz-se uma abordagem introdutória à problemática da avaliação de projetos de investimento. Por fim, no capítulo 6, apresentamos a resolução de casos de estudo baseados em demonstrações financeiras não simuladas (é devido um agradecimento ao Eng. José Silva e ao Dr. João Couceiro, ambos MBA pela FEUC, pela disponibilização das demonstrações financeiras e das informações adicionais para enquadramento das empresas), como forma de ilustrar a elaboração de um relatório de análise económica e financeira global.

Nesta edição, revista e aumentada, acrescentamos uma nova questão em cada um dos capítulos 1 a 5 e, no capítulo 6, propomos um novo caso. A questão 1.8 analisa criticamente as implicações do aumento do peso do financiamento em capitais alheios. A questão 2.8 analisa o equilíbrio financeiro a curto prazo em contexto de evolução desfavorável. A questão 3.8 discute a análise desagregada de rácios de rendibilidade de tipo aditivo. A questão 4.8 analisa em pormenor os indicadores de alavancagem operacional e financeira. A questão 5.8 aprofunda a análise da viabilidade dos projetos de investimento. Por fim, o caso 6.3 faz uma análise económica e financeira comparativa entre uma PME industrial e o respetivo setor de referência com base nas demonstrações financeiras e outras informações relevantes retiradas da base de dados SABI mantida pela empresa Bureau van Dijk.

1. Conceitos base

Entendemos a análise financeira como um processo baseado num conjunto de técnicas que tem por finalidade a emissão de uma opinião sobre o desempenho e a evolução da situação financeira de uma organização, com base nas Demonstrações Financeiras e em informações complementares. Daqui resultam três elementos que reputamos essenciais.

Em primeiro lugar, a subjetividade que uma opinião (diagnóstico) encerra. Ainda que aplicados os mesmos métodos e técnicas de análise à mesma informação, é sempre possível que dois analistas diferentes façam uma interpretação diversa dos resultados, em boa medida em consequência do diferente nível de conhecimentos e experiência que detêm ou da diferente posição perante a empresa que os mesmos podem assumir.

Em segundo lugar, a natureza prospetiva do diagnóstico. Analisa-se o passado recente para apreender as tendências de evolução futura. E é sobre estas que as recomendações, o objetivo útil do diagnóstico, devem incidir.

Em terceiro lugar, a diversidade de elementos em que o diagnóstico se deve basear. As informações de natureza contabilística, explanadas nas contas anuais, são indispensáveis, é certo, mas dificilmente permitem perceber as razões que estão base dos factos patrimoniais de que a contabilidade, de forma sistemática e normalizada, guarda memória.

O paralelismo do diagnóstico financeiro com o diagnóstico médico existe, mas é nas diferenças entre os dois que encontramos motivos de dificuldade acrescida. Desde logo, a inexistência de normas para aferição de sintomas. Vejamos: um valor de liquidez geral de 1.2 significa equilíbrio

EXERCÍCIOS DE ANÁLISE FINANCEIRA

financeiro? Não necessariamente. Além disso, os cenários prováveis não são generalizáveis, pelo que as recomendações são específicas à organização. Acresce que as "terapias" devem ser contextualizadas atendendo às interações da organização com o meio onde se insere!

Diagnostica-se o passado com o objetivo de detetar tendências futuras e propor medidas que reforcem pontos fortes e permitam ultrapassar pontos fracos detetados. Na organização do processo de diagnóstico, verifica-se o benefício de uma abordagem parcelar seguida de uma etapa de síntese. Na etapa de abordagem parcelar são usadas três janelas de observação independentes: financeira, económica e risco. Na etapa de síntese as conclusões parcelares são confrontadas de forma a enunciar as recomendações de política que melhor se ajustem à situação em concreto. Por exemplo, uma recomendação de natureza financeira destinada a recuperar o equilíbrio financeiro – redução do prazo de recebimento de clientes através da oferta de descontos de pronto pagamento – pode encontrar entraves de natureza económica – margens insuficientes – que a desaconselhem, sugerindo a procura de vias alternativas para o mesmo efeito.

Importa ainda destacar três ideias-chave a respeitar em qualquer diagnóstico: 1) a necessidade de analisar mais do que um exercício económico no esforço de deteção de tendências, sendo usual recomendar um mínimo de três exercícios consecutivos como período de estudo; 2) a análise não se deve limitar ao cálculo e leitura de resultados numéricos, devendo incluir na sua conclusão a opinião do analista sobre a questão que motivou a análise; 3) e, por último, deve ter-se em consideração a posição da empresa no contexto sectorial.

QUESTÃO 1.1

Discuta a seguinte afirmação: "Para efeito de análise financeira, os elementos da contabilidade são indispensáveis e possuem características que os tornam particularmente úteis, no entanto possuem limitações."

RESPOSTA 1.1

Os elementos contabilísticos são indispensáveis e possuem características que os tornam particularmente úteis. O sistema de informação contabilístico é uma fonte metódica de informação, dado proceder ao registo sistemático dos factos que têm implicações sobre o património da organização. É uma fonte normalizada, o que facilita a comparação e permite a utilização das mesmas técnicas em diferentes contextos organizacionais. É uma fonte global, proporcionando informação quantitativa sobre o conjunto da organização.

Mas as informações de natureza contabilística não são suficientes para a compreensão da realidade económica e financeira da empresa. A contabilidade traduz em termos numéricos as consequências das decisões mas não guarda memória das causas para as mesmas. Ou seja, temos uma visão quantitativa do impacto patrimonial das decisões empresariais, mas não dispomos, através do sistema contabilístico, de registo sobre as condicionantes externas e internas das decisões. Ora, o diagnóstico financeiro deverá ter em conta elementos extra contabilísticos (por exemplo, potencial tecnológico, potencial comercial ou capacidades de gestão) de difícil tradução monetária.

Também ao sistema contabilístico podem ser apontadas limitações. A sua natureza sintética que acarreta opções de divulgação questionáveis (designadamente no âmbito da demonstração dos resultados), a utilização de diferentes critérios valorimétricos na mensuração dos elementos contabilísticos da mesma empresa ou entre empresas, a influência das normas fiscais, a exigência de estimativas para algumas contas e a não consideração de operações "fora de balanço" mas com impacto previsível à data de fecho das contas anuais, são algumas limitações normalmente apontadas à informação contabilística.

QUESTÃO 1.2

Quais as limitações do indicador EBITDA (resultados antes de depreciações, gastos de financiamento e impostos) produzido de acordo com as regras do SNC enquanto indicador do *cash flow* de exploração de uma empresa?

RESPOSTA 1.2

O indicador EBITDA apresenta duas ordens de limitações. Por um lado, é um indicador de meios libertos brutos de exploração enviesado. De acordo com as regras do SNC, embora calculado antes da consideração dos gastos com depreciações, considera outros gastos e rendimentos que na verdade não traduzem embolsos ou desembolsos potenciais ou que podem ser alheios à atividade principal, portanto não sistemáticos ou não recorrentes, como por exemplo: ajustamentos ao justo valor; ganhos e perdas resultantes de catástrofes, de alienação de ativos não correntes ou relacionados com instrumentos financeiros. Por outro lado, é um indicador económico e não um indicador financeiro. Enquanto indicador calculado na base do acréscimo, não representa tempestivamente os fluxos de tesouraria.

Assim, apenas por ausência de informação mais precisa é comummente usado o EBITDA como indicador do contributo da exploração para a tesouraria. É-o sem dúvida em grande parte, mas deve ser entendido como potencial (falta o ajustamento para o tempo de ocorrência do fluxo de tesouraria) e enviesado (dado considerar gastos e rendimentos não operacionais).

QUESTÃO 1.3

Diga quais os procedimentos a adotar na preparação das demonstrações financeiras para análise financeira, quando o analista se depara com as seguintes situações: i) inventários estratégicos; ii) dívidas a fornecedores em mora; iii) dívidas a receber ou dívidas a pagar a sociedades dominantes; iv) dividendos a distribuir.

RESPOSTA 1.3

Em particular quando o que está em causa é a preparação do balanço funcional, o analista deve ter o cuidado de apresentar os elementos patrimoniais de acordo com os ciclos de atividade: investimento, exploração e operações financeiras. Assim, deve considerar os inventários estratégicos na massa patrimonial ativo fixo e não como parte das necessidades cíclicas, para que nestas permaneçam apenas os montantes de inventários normais afetos à exploração.

As dívidas a fornecedores em mora devem ser consideradas como recurso alheio estável, se existir previsão de pagamento a longo prazo, ou como tesouraria passiva (o mais habitual), dado que o atraso no pagamento a um fornecedor não é considerado uma situação normal de exploração.

Nas relações financeiras com as sociedades dominantes, não existindo contrato de crédito que preveja prazos de re-embolso específicos, prevalece o domínio que as mesmas exercem sobre a sociedade em análise. Assim, as dívidas a pagar a sociedades dominantes devem ser consideradas tesouraria passiva e as dívidas a receber de sociedades dominantes devem ser consideradas ativos fixos. Repare-se que subjacente a este raciocínio está a aplicação do princípio da prudência, típica do analista externo. Na incerteza sobre o prazo de pagamento considera a situação mais gravosa para a empresa (ativos de longo prazo, logo de menor liquidez, e passivos de curto prazo, logo de maior exigibilidade).

Os dividendos a distribuir são uma responsabilidade da empresa perante os acionistas/sócios, efetiva após aprovação de contas anuais. Para que os capitais próprios representem os fundos colocados à disposição da empresa, os dividendos devem ser reclassificados como tesouraria passiva.

QUESTÃO 1.4

O que entende por análise da qualidade dos resultados? Exemplifique.

RESPOSTA 1.4

Trata-se de uma técnica introdutória de análise financeira. O analista tenta perceber através de sinais a confiança que pode depositar nas previsões que efetua com base nos documentos à sua disposição. Resultados com variabilidade evidente, baseados em atividades inorgânicas, ou de difícil replicabilidade futura apresentam reduzida qualidade (o inverso também é verdade). Quando inicia a análise, o analista vai necessariamente ser influenciado na análise que desenvolve pelos sinais de perigo (que merecem explicação mais aprofundada) e pelos fatores de qualidade (a aguardar confirmação) que deteta.

Como exemplo dos sinais de perigo, é de realçar a existência de reservas ou incertezas na opinião expressa pelos auditores, a mudança de auditores,

EXERCÍCIOS DE ANÁLISE FINANCEIRA

a diminuição dos custos geríveis (e.g., publicidade) pelo impacto incerto que terão no futuro, a volatilidade dos resultados e a sua origem alheia à exploração, as alterações nos prazos de crédito comercial e a evolução errática dos trabalhos para a própria empresa.

Como exemplo de fatores de qualidade, destaca-se a aplicação consistente das regras contabilísticas, o enquadramento fiscal normal, a disponibilidade para fornecer informação, a tempestividade dos fluxos financeiros, a inexistência de ativos fixos ociosos, e a origem dos resultados principalmente na atividade principal, entre outros.

QUESTÃO 1.5

Pode uma empresa dispor de solvabilidade sem a adequada rendibilidade?

RESPOSTA 1.5

São óticas de abordagem diferentes mas complementares. A solvabilidade está relacionada com o pagamento das responsabilidades financeiras quando estas se vencem. Trata-se de uma condicionante permanente (a todo o instante, as dívidas que nesse momento se vencem, devem ser pagas) e universal (todas as organizações à mesma estão sujeitas). A rendibilidade preocupa-se com a geração de resultados e a sua adequabilidade ao montante de capitais empregues para os obter. É um imperativo económico. Eventualmente a organização pode acomodar situações de insuficiente (ou mesmo negativa) rendibilidade. Mas não o consegue fazer a longo prazo. Repare-se: se permanentemente os rendimentos forem inferiores aos gastos, a atividade da empresa não vai gerar resultados suficientes para se renovar, crescer, ou remunerar os capitais investidos. Aliás, nesta situação, os excedentes financeiros gerados internamente são insuficientes para financiar a atividade (incluindo o re-embolso de divida) pelo que, a manter-se a situação, e esgotados novos contributos de capitais próprios, uma espiral de endividamento é inevitável.

Em conclusão, uma empresa pode dispor de solvabilidade sem a adequada rendibilidade, mas apenas temporariamente.

QUESTÃO 1.6

Com base nas principais situações (internas e externas) em que podem ser classificados os motivos que originam um diagnóstico económico e financeiro, descreva a utilidade destes.

RESPOSTA 1.6

Um diagnóstico económico e financeiro pode ter uma motivação interna ou uma motivação externa, e uma finalidade de apoio à tomada de decisões de gestão concretas ou realizar-se com um objetivo meramente informativo. No caso de motivações internas de apoio à decisão, este instrumento pode ser utilizado para aferir as necessidades de fundos, na preparação das previsões financeiras de suporte ao planeamento financeiro, ou nos quadros de monitorização interna regularmente preparados para controlar a evolução dos negócios. Internamente, o objetivo informação cumpre-se quando a informação financeira é utilizada para melhoria do clima social, como elemento mobilizador, por exemplo através do apoio na interpretação da informação financeira periodicamente disponibilizada.

Externamente, cabe à banca (comercial e de investimento) o principal interesse e contributo para o desenvolvimento dos métodos e técnicas de análise financeira, sobretudo quando relacionadas com a avaliação da qualidade dos créditos a conceder ou na preparação dos elementos para as operações de reestruturação empresarial ou de dispersão de capital.

Existem ainda outras entidades que recorrem frequentemente aos relatórios de análise financeira para a tomada de decisão. Por exemplo, no âmbito dos processos de recuperação de empresas é necessário demonstrar a viabilidade económica dos negócios; os investidores estão interessados em avaliar a lucratividade futura e risco das empresas como elemento fundamental da decisão de investir; os fornecedores estarão por certo interessados em dispor de informação que lhes permita avaliar os riscos dos créditos comerciais que concedem; e aos clientes interessa avaliar a saúde financeira da empresa como forma de salvaguardar o cumprimento dos contratos e de eventuais garantias de que beneficiem.

Também ao nível da comunicação externa encontramos utilidade para as informações preparadas pela análise financeira, por exemplo no suporte

EXERCÍCIOS DE ANÁLISE FINANCEIRA

à avaliação de *rating* por parte de entidades externas, pela imprensa especializada ou como instrumento de *marketing* no âmbito da política geral de comunicação da empresa.

QUESTÃO 1.7

Comente sucintamente as seguintes afirmações:
a) "O aumento do Capital Social por incorporação de Reservas de Reavaliação constitui uma boa fonte de obtenção de novos meios financeiros"
b) "O indicador Meios Libertos Brutos (MLB) anuais sintetiza a informação proporcionada pela Demonstração dos Fluxos de Caixa (DFC)."

RESPOSTA 1.7

a) De forma alguma. A incorporação de reservas não se traduz por qualquer fluxo financeiro. A operação permite o reforço da rubrica Capital sem alteração do montante de capital próprio, sendo por isso neutra do ponto de vista financeiro, embora possa melhorar a imagem da organização perante terceiros.
b) Dificilmente. No caso dos MLB estamos perante o excedente de rendimentos operacionais embolsáveis face a gastos operacionais desembolsáveis. A DFC proporciona informação sobre a totalidade dos fluxos de dinheiro, especificando as suas origens e o seu destino. Assim, os MLB são, tipicamente, um indicador incompleto da variação do saldo de disponibilidades porque ignoram o diferente momento de ocorrência dos fluxos económicos relativamente aos fluxos de tesouraria e ignoram os saldos decorrentes das atividades de investimento e das atividades de financiamento. Apenas no caso, muito improvável, de estes saldos serem nulos, ou de estas atividades não ocorrerem, e de não existirem créditos comerciais obtidos ou concedidos, ou seja, toda a atividade da empresa se resume a obter rendimentos operacionais a pronto pagamento e a incorrer em gastos da mesma natureza necessários para os obter, também a pronto pagamento (exceto depreciações), podemos assumir que os MLB

sintetizam (antes de impostos sobre o rendimento) a informação proporcionada pela DFC.

QUESTÃO 1.8

Discuta as implicações do aumento do peso do financiamento em capitais alheios para o equilíbrio financeiro e para a rendibilidade dos capitais próprios.

RESPOSTA 1.8

Esta questão ilustra a complementaridade entre as diferentes perspetivas de observação assumidas numa análise global. Neste caso, exige-se o confronto entre a perspetiva financeira (questão equilíbrio financeiro) e a perspetiva económica (questão rendibilidade dos capitais próprios).

Na perspetiva financeira, ver capítulo 2, o impacto do aumento do peso dos capitais alheios (de financiamento, entenda-se) deve ser analisado para o curto prazo e para o longo prazo.

No curto prazo, o aumento do peso dos capitais alheios de curto prazo traduz uma situação gravosa para o equilíbrio (liquidez) provavelmente traduzindo uma situação de dependência perante a banca comercial e de risco de refinanciamento acrescido. No entanto, o aumento do peso do financiamento em capitais alheios de longo prazo traduz uma medida favorável ao equilíbrio financeiro a curto prazo (liquidez), dado que coloca à disposição da empresa capitais fora da exigência imediata (isto é, no próximo ano – a definição de curto prazo) dos credores.

No longo prazo, o aumento do peso do endividamento acarreta um prejuízo para o equilíbrio (solvabilidade) dado que aumenta as obrigações contratualizadas com os credores em detrimento das obrigações de natureza residual perante os proprietários da empresa. Além disso, reduz a independência perante financiadores e consequentemente a capacidade negocial da empresa. Esta situação é mais grave se os financiamentos em capitais alheios forem de curto prazo. Numa palavra, a solvabilidade (ou equilíbrio financeiro a longo prazo) é prejudicada pelo aumento do peso do financiamento em capitais alheios.

Na perspetiva económica, ver capítulo 3, o aumento do peso do financiamento em capitais alheios é benéfico para a rendibilidade dos capitais próprios enquanto a rendibilidade das aplicações de fundos exceder o custo médio do financiamento alheio. Enquanto se mantiver esta circunstância, a politica de financiamento alavanca favoravelmente a rendibilidade do investimento na perspetiva dos capitais próprios. Todavia, por ausência de alternativas de aplicação de fundos mais rendíveis e/ou pelo aumento do custo dos financiamentos associado ao maior risco de crédito (que o maior peso do financiamento em capitais alheios representa), este efeito acaba por se esgotar, produzindo-se em conformidade um efeito de alavanca desfavorável.

Uma nota adicional. Também na perspetiva do risco, ver capítulo 4, o aumento do peso do financiamento em capitais alheios tem implicações diversas. No caso do risco operacional, o impacto depende de eventuais alterações na estrutura de gastos que o aumento proporciona, ou seja, um impacto potencial e indireto. Por exemplo, se ao aumento do peso dos capitais alheios estiver associado um aumento dos ativos fixos depreciáveis, é expectável que o risco operacional aumente em consequência do valor acrescido das novas depreciações anuais, entre outros gastos fixos relacionados. No entanto, o aumento do peso do financiamento em capitais alheios pode estar relacionado com o financiamento da atividade corrente, sem alteração da estrutura de gastos operacionais e assim sem impacto significativo no risco operacional.

Ao nível do risco financeiro, o maior peso dos capitais alheios acarreta tipicamente, mantendo-se o nível de investimento total, maiores encargos financeiros e, por esta via, maior risco financeiro, dada a natureza contratualizada dos mesmos (ou seja, fixa face às oscilações do nível de atividade). Ainda assim, a eventual variação favorável do resultado operacional, pode acomodar o nível acrescido de encargos financeiros, minimizando o efeito anterior. Em todo o caso, pode acontecer que um maior peso de capitais alheios possa estar associado a menores encargos financeiros totais (por redução do seu custo médio, por exemplo) o que, mantendo-se o nível da rendibilidade operacional, significa menos risco financeiro.

Na perspetiva do risco de crédito, o aumento do peso dos capitais alheios acarreta um aumento do risco de incumprimento tempestivo das dividas assumidas, pelo que poderá pôr em causa a solvabilidade futura da organização.

2. Análise da área financeira

Subjacente à análise na perspetiva financeira está uma preocupação simples: a de perceber se a empresa reúne condições para solver as dívidas à medida que estas se vencem. De forma simples, se os meios financeiros existentes, acrescidos das entradas de fundos futuras, forem suficientes para satisfazer as saídas de fundos previstas, acrescidas do saldo no fim de um determinado período, então a solvabilidade está assegurada para esse período.

Ora, a solvabilidade é uma preocupação permanente e universal. Na verdade, a deterioração da solvabilidade acarreta uma deterioração da imagem da empresa, das condições de crédito e até das condições de funcionamento, que no limite pode conduzir à liquidação da empresa. Importa por isso conhecer um conjunto de indicadores e de princípios que permitam monitorizar e preservar uma situação financeira equilibrada.

Na impossibilidade de uma análise com base em documentos previsionais, que discriminem para um dado período futuro os recebimentos e pagamentos a realizar, recorre-se à comparação de massas de balanço, procurando averiguar se existe equilíbrio entre o ritmo de transformação dos ativos em liquidez e o prazo de maturidade das dívidas.

Consoante o horizonte de análise, é possível distinguir duas perspetivas: curto prazo (o próximo ano) e longo prazo (a solvabilidade a mais de um ano). A análise tradicional (a curto prazo) assenta no conceito de fundo de maneio. O equilíbrio financeiro existe quando está disponível uma margem de segurança constituída por capitais de exigibilidade reduzida (capitais

EXERCÍCIOS DE ANÁLISE FINANCEIRA

permanentes em excesso face aos ativos não correntes) e que se encontra materializada no excesso de ativos correntes face a passivos correntes, de forma a salvaguardar eventuais problemas no ritmo de transformação dos ativos em disponibilidades com as quais são satisfeitas as responsabilidades a curto prazo. O fundo de maneio e o indicador da liquidez geral, são os indicadores usuais.

Na análise funcional (a curto prazo), aos recursos estáveis (o equivalente funcional aos capitais permanentes) são colocadas maiores exigências. Devem ser suficientes para financiar as aplicações em ativos fixos (o equivalente funcional aos ativos não correntes) e as necessidades permanentes de financiamento do ciclo de exploração (as necessidades em fundo de maneio). Assim, existe equilíbrio quando o fundo de maneio excede as necessidades em fundo de maneio. Como estas podem ser negativas, também aquele o pode ser, sem colocar em causa o regular funcionamento da organização. As insuficiências do indicador fundo de maneio ficam, assim, evidentes.

As preocupações com o equilíbrio financeiro a longo prazo estão relacionadas com a manutenção de uma situação financeira que permita manter independência perante os credores, capacidade de negociação das condições de crédito e facilidade de acesso a novos financiamentos. Mais do que regras precisas, emergem dos manuais princípios de atuação. O equilíbrio a longo prazo é tanto mais assegurado quanto maior for o peso dos capitais próprios no financiamento do ativo. Usando capitais alheios, a preferência, na perspetiva do equilíbrio, deve recair nos capitais alheios de longo prazo. Os capitais permanentes devem ser suficientes para cobrir os ativos não correntes.

O crescimento do nível de atividade levanta preocupações de financiamento do crescimento que justificam uma análise específica. Não raras vezes, o esforço de crescimento acelerado, apesar de conseguido, resulta em dificuldades financeiras que levam ao encerramento das empresas, precisamente porque não foram acauteladas as necessidades de financiamento que o crescimento acarreta.

Neste capítulo incluímos também exercícios em que se faz a análise da gestão do fundo de maneio. Como veremos nos exercícios propostos, a alteração dos parâmetros que caracterizam a gestão do ciclo de exploração, tipicamente o prazo médio de recebimentos, a duração de inventários e o prazo médio de pagamentos, pode estar na base do desequilíbrio financeiro a curto prazo devendo por isso ser corrigida! No entanto, a decisão deve ser ponderada, tendo em conta o impacto económico que poderá ter.

QUESTÃO 2.1

No âmbito da análise tradicional do equilíbrio financeiro a curto prazo, explicite o significado dos principais indicadores utilizados bem como as limitações que usualmente lhes são apontadas.

RESPOSTA 2.1

A abordagem tradicional ao equilíbrio financeiro de curto é baseada no conceito de fundo de maneio (FM). Quando os capitais permanentes (CP), constituídos pelos recursos financeiros não exigíveis (capitais próprios, C'P) e pelos capitais de exigibilidade reduzida (passivos não correntes, PNC) excedem as aplicações de longo prazo (ativos não correntes, ANC) é proporcionada uma margem de segurança materializada em ativos correntes (AC) em excesso face às exigências imediatas dos credores (passivos correntes, PC) que permite acomodar eventuais diferenças na rotação entre ativos e passivos correntes.

Em termos de cálculo, o mesmo é dizer que estamos em equilíbrio quando o FM = CP – ANC ou, por igualdade de balanço, FM = AC – PC, é positivo. Por outras palavras, temos equilíbrio a curto prazo quando existe um excedente do ativo passível de se transformar em meios líquidos a menos de um ano, sobre as responsabilidades da empresa a satisfazer no prazo de um ano.

Em alternativa, o equilíbrio pode ser analisado com recurso ao indicador da liquidez geral, LG=AC/PC, que assume o valor maior do que 1 quando FM > 0, com a vantagem de facilitar a comparação entre empresas e, ao longo do tempo, para a mesma empresa.

A importância atribuída aos inventários na posição de liquidez da empresa pode ser apreciada com o indicador da liquidez reduzida, LR = (AC – Inventários) / PC e a relevância dos meios financeiros líquidos pode ser estudada com o indicador da liquidez imediata, LI = Meios financeiros líquidos / PC.

A esta abordagem e aos respetivos indicadores, são apontadas algumas limitações. A principal, que resulta da natureza o facto de FM > 0 (ou o que

EXERCÍCIOS DE ANÁLISE FINANCEIRA

é o mesmo LG > 1) não poder ser considerado nem condição necessária nem condição suficiente de equilíbrio. Ao ignorar a rotação de ativos e passivos correntes, as conclusões baseadas nos indicadores tradicionais de equilíbrio ignoraram as necessidades de financiamento permanente da exploração. Assim, FM > 0 não é necessário quando a exploração gera em permanência recursos de financiamento e pode não ser suficiente se, pelo contrário, a exploração necessitar de ser financiada em permanência em montante superior ao FM disponível. Outras limitações desta abordagem estão relacionadas com a não imunidade à sazonalidade ou às políticas contabilísticas adotadas e a natureza estática própria de um indicador calculado com os dados de um balanço em particular.

QUESTÃO 2.2

Numa empresa com atividade sazonal, qual deve ser a dimensão adequada dos recursos estáveis? Justifique.

RESPOSTA 2.2

Nestas circunstâncias, é admissível a existência de um nível de necessidades em fundo de maneio que corresponde ao nível mínimo de atividade (designadas necessidades de fundo de maneio permanentes, NFMP), e um outro montante, variável, que corresponde ao acréscimo resultante do aumento temporário do nível de atividade provocado pelo pico de sazonalidade (designadas necessidades em fundo de maneio temporárias, NFMT).

O princípio do equilíbrio financeiro mínimo implica o ajustamento entre o prazo de exigibilidade dos financiamentos e o prazo liquidez das aplicações. Neste sentido, a estrita aplicação deste princípio obriga a que os recursos estáveis (próprios e alheios) devam ser suficientes para financiar as aplicações permanentes (em ativos fixos e necessidades de fundo de maneio permanentes). Curiosamente, e se o balanço em análise corresponder ao pico de sazonalidade, o indicador tesouraria líquida assumiria um valor negativo, de montante igual ao valor das necessidades em fundo de maneio temporárias.

No entanto, são admissíveis alternativas a esta regra ortodoxa, sobretudo quando pensamos na atitude do gestor perante o *trade-off* risco-

-rendibilidade. Por exemplo, um gestor menos tolerante ao risco, pode optar por financiar a empresa com recursos estáveis mais elevados do que a soma NFMP+NFMT+AFL, criando uma situação de tesouraria líquida permanentemente positiva, tendo como contrapartida com a penalização da rendibilidade que a existência de recursos ociosos representa. O inverso também é possível. Gestores mais tolerantes ao risco podem optar por financiar a empresa com recursos estáveis inferiores à soma AFL+NFMP, mas superiores aos AFL, gerindo uma situação de necessidade sistemática de renovação de créditos, embora tentando beneficiar de eventuais menores custos de financiamento a curto prazo face ao longo prazo (estrutura temporal das taxas de juro crescente).

QUESTÃO 2.3

Defina *taxa de crescimento sustentável (g^*)* e discuta a sua utilidade enquanto instrumento de análise financeira.

RESPOSTA 2.3

A taxa de crescimento sustentável *(g^*)* corresponde à taxa de crescimento possível recorrendo apenas à retenção de resultados e mantendo as atuais condições operacionais (rendibilidade) e financeiras (endividamento). Estamos por isso a medir uma taxa de crescimento na hipótese de inexistência de novos capitais próprios contribuídos e em que o nível de endividamento cresce o suficiente para manter constante o quociente entre dívida e capital próprio.

Demonstra-se que $g^* = RC'P_{ip}*(1-d)$, em que $RC'P_{ip} = RLP / C'P_{ip}$ é a rendibilidade dos capitais próprios (iniciais) e $d = DIV / RLP$ é a taxa de distribuição dos dividendos *(payout)*.

A taxa g^* é utilizada na análise financeira do crescimento como uma taxa padrão *(benchmark)*. Assim, o crescimento acima da taxa de crescimento sustentável vai exigir recursos financeiros que resultem de novas contribuições ou do aumento do rácio de endividamento, a não ser que se verifique uma maior rendibilidade (com um efeito cumulativo do aumento dos capitais alheios para manter o rácio de endividamento). Pelo contrário, crescimento inferior ao crescimento sustentável, contribui

EXERCÍCIOS DE ANÁLISE FINANCEIRA

para a acumulação de recursos ociosos, favorecendo o aumento da distribuição de resultados quando estamos perante ausência de alternativas de investimento lucrativas.

QUESTÃO 2.4.

Considere as seguintes informações referentes à atividade de uma dada empresa, no ano N. Por simplificação ignore o IVA.

• Ativo fixo líquido:	812,500.00 euros
• Capital próprio:	200,000.00 euros.
• Dívida bancária a médio e longo prazo:	700,000.00 euros.
• Dívida bancária a curto prazo:	30,000.00 euros.
• Vendas de mercadorias (anuais):	1,200,000.00 euros
• Custo das mercadorias vendidas (anual):	720,000.00 euros.
• Fornecimentos e serviços externos (anual):	60,000.00 euros.
• Saldo normal de adiantamentos de clientes:	12,250.00 euros.
• Saldo regular de adiantamentos a fornecedores:	11,000.00 euros
• Outras dívidas a curto prazo (extra exploração):	10,000.00 euros.
• Saldo de caixa e depósitos à ordem:	7,500.00 euros.
• A variação de inventários (Ef-Ei) no ano N:	10,000.00 euros.

- As dívidas de clientes representam 1 mês de vendas, os inventários suportam 2 meses de consumos e a empresa paga aos seus fornecedores correntes (aquisições relacionadas com a exploração) em 1.5 meses.

Com base na informação disponível, calcule o valor das rubricas que compõem as necessidades em fundo de maneio, construa o balanço funcional e diga se a empresa reúne condições de equilíbrio financeiro a curto prazo. Que sugestões daria para melhorar a situação financeira desta empresa?

RESPOSTA 2.4

Este exercício proporciona uma primeira aproximação ao estudo do equilíbrio a curto prazo com base no balanço funcional. Seguindo os pedidos, vamos primeiro calcular valor das rubricas que, neste exemplo, compõem as necessidades em fundo de maneio: Inventários (INV), Clientes (CLI), Adiantamentos a fornecedores (AFO), Fornecedores (FOR) e Adiantamentos a clientes (ACL).

Sabendo que os inventários suportam 2 meses de consumos e que DINV = INV / Consumo Anual * 12, temos,

2 = INV / 720,000.00 * 12

Sabendo que as dívidas de clientes representam 1 mês de vendas e que PMR = CLI / Vendas Anuais IVAi * 12, temos (ignorando IVA),

1 = CLI / 1,200,000.00 * 12

Finalmente, sabemos que as dívidas relacionadas com a exploração (compras e fornecimentos e serviços externos) são pagas em 1.5 meses e que PMP = FOR / (Aquisições a Crédito da Exploração Anuais IVAi) * 12, temos (ignorando IVA),

1.5 = FOR / (Compras Anuais + 60,000.00) * 12

Compras Anuais = Consumo Anual + Existência final – Existência inicial

Compras Anuais = 720,000.00 + 10,000.00 = 730,000.00

Pelo que, 1.5 = FOR / 790,000.00 * 12

Em resumo, o quadro seguinte permite visualizar o cálculo das necessidades em fundo de maneio para este caso (valores em euros):

INV	Inventários	120,000.00
CLI	Clientes	100,000.00
AFO	Adiantamentos a Fornecedores	11,000.00
NC = INV + CLI+ AFO	**Necessidades Cíclicas**	**231,000.00**
FOR	Fornecedores	98,750.00
ACL	Adiantamentos de clientes	12,250.00
RC = FOR + ACL	**Recursos Cíclicos**	**110,000.00**
NFM = NC – RC	**Necessidades em Fundo de Maneio**	**120,000.00**

Como se pode observar, o financiamento permanente à exploração não assegurado por recursos automáticos (induzidos pela mesma) ascende a 120,000.00 euros.

O quadro seguinte apresenta o balanço funcional (valores em euros):

EXERCÍCIOS DE ANÁLISE FINANCEIRA

Sigla	Designação	Valor	Obs.
RE	Recursos estáveis	900,000.00	(1)
AFL	Ativo Fixo Líquido	812,500.00	(2)
FM = RE − AF	**Fundo de Maneio**	**87,500.00**	
NC	Necessidades Cíclicas	231,000.00	
RC	Recursos Cíclicos	111,000.00	
NFM = NC − RC	**Necessidades em Fundo de Maneio**	**120,000.00**	
TL = FM − NFM	**Tesouraria Líquida**	**-32,500.00**	
EAT	Elementos Ativos de Tesouraria	7,500.00	(3)
EPT	Elementos Passivos de Tesouraria	40,000.00	(4)
TL = EAT − EPT	**Tesouraria Líquida**	**-32,500.00**	

Obs.
(1) Capital próprio e dívida bancária a médio e longo prazo.
(2) Ativo fixo líquido
(3) Saldo de caixa e depósitos à ordem
(4) Dívida bancária a curto prazo e outras dívidas a curto prazo (extra exploração)

A situação documentada, FM > 0, NFM > 0 e TL < 0 é reveladora de uma situação de desequilíbrio financeiro a curto prazo, por insuficiência de recursos estáveis. A margem de segurança proporcionada por capitais de longo prazo em excesso face às aplicações em ativos fixos (FM positivo) não é suficiente para suportar as necessidades de financiamento permanente de exploração. Em consequência, são usados recursos de tesouraria (temporários) em aplicações permanentes (estruturais) provocando o desequilíbrio. O risco de não renovação destes financiamentos temporários, o preço dos financiamentos a obter e a pressão para os conseguir, são motivos de preocupação.

Embora os dados referentes apenas a um exercício e a uma empresa (sem comparação setorial) não permitam retirar conclusões definitivas sobre as perspetivas de evolução futura e as respetivas sugestões de melhoria, é possível enunciar três caminhos, não necessariamente alternativos. Por um lado, é evidente a necessidade de reforço dos recursos estáveis, em consolidação do balanço ou por novos capitais próprios ou alheios de longo prazo. Caso se esteja perante um ativo fixo sobredimensionado, a focalização na atividade principal e a consequente alienação de ativos fixos

2. ANÁLISE DA ÁREA FINANCEIRA

permite libertar fundo de maneio. Por fim, a tentativa de contenção das necessidades em fundo de maneio (esforço de redução das necessidades cíclicas e aumento dos recursos cíclicos) também permite aliviar a pressão sobre a tesouraria e contribuir para a retoma do equilíbrio.

QUESTÃO 2.5

Considere as seguintes informações referentes a uma empresa (valores em euros).

Ativo fixo líquido	180,000.00
Inventários	40,000.00
Clientes	60,000.00
Meios financeiros líquidos	1,500.00
Capital próprio	50,000.00
Passivo não corrente	100,000.00
Fornecedores	120,000.00
Outras dívidas a pagar (não cíclicas)	11,500.00

Defina e calcule o valor do FM, das NFM e da TL e, com base no balanço funcional, diga se a empresa em causa reúne condições de equilíbrio financeiro. Quais as suas sugestões para melhorar a situação financeira documentada?

RESPOSTA 2.5

O fundo de maneio corresponde ao montante dos recursos estáveis que não se encontra comprometido no financiamento de ativos fixos e que portanto se encontra disponível para financiar o ciclo de exploração. O fundo de maneio está materializado num excesso de ativos correntes face a passivos correntes.

As necessidades em fundo de maneio correspondem às necessidades de financiamento permanente do ciclo de exploração. Resultam do confronto entre necessidades cíclicas, aplicações a curto prazo com renovação assegurada pelo ciclo de exploração, e os recursos cíclicos, origens de fundos a curto prazo mas também com renovação assegurada pelo ciclo de exploração.

A tesouraria líquida corresponde ao montante de meios financeiros líquidos e demais valores realizáveis a curto prazo e não renováveis (elementos ativos de tesouraria) em excesso face ao montante de financiamentos a curto prazo não renováveis (elementos passivos de tesouraria).

A igualdade entre os membros do balanço, permite concluir que TL = FM − NFM ou que TL = EAT − EPT.

O quadro seguinte apresenta o balanço funcional e ilustra o cálculo do FM, das NFM e da TL (valores em euros):

Sigla	Designação	Valor	Obs.
RE	Recursos estáveis	150,000.00	(1)
AFL	Ativo Fixo Líquido	180,000.00	(2)
FM = RE − AF	**Fundo de Maneio**	**− 30,000.00**	
NC	Necessidades Cíclicas	100,000.00	(3)
RC	Recursos Cíclicos	120,000.00	(4)
NFM = NC − RC	**Necessidades em Fundo de Maneio**	**− 20,000.00**	
TL = FM − NFM	**Tesouraria Líquida**	**−10,000.00**	
EAT	Elementos Ativos de Tesouraria	1,500.00	(5)
EPT	Elementos Passivos de Tesouraria	11,500.00	(6)
TL = EAT − EPT	**Tesouraria Líquida**	**− 10,000.00**	

Obs.
(1) Capital próprio e passivo não corrente.
(2) Ativo fixo líquido
(3) Inventários e Clientes
(4) Fornecedores
(5) Meios financeiros líquidos
(6) Outras dívidas a pagar (não cíclicas)

Esta empresa apresenta FM<0, NFM<0 e TL<0, o que traduz uma situação de desequilíbrio financeiro. O FM<0 revela inexistência de margem de segurança proporcionada por recursos estáveis. Na verdade, até pode não ser necessária dado que, neste caso, o ciclo de exploração não necessitar de financiamento, sendo ele próprio gerador de recursos financeiros estáveis, como resulta do sinal negativo das NFM. No entanto, o facto de TL < 0 revela a insuficiência de recursos financeiros permanentes muitas vezes associados a períodos de crescimento acelerado da atividade face à capacidade financeira da empresa.

Tratando-se de uma situação temporária, o financiamento a curto prazo permite aguardar a normalização do nível de atividade. Sendo uma situação estável, importa repor os recursos estáveis em dimensão adequada, por exemplo por aumento do capital próprio ou dos recursos alheios estáveis.

QUESTÃO 2.6

Considere as seguintes informações relativas aos exercícios N e N-1 da empresa A. Por simplificação ignore o IVA.

- A empresa não distribui dividendos;
- A variação de inventários é nula, em N-1;
- Os gastos operacionais são pagos a pronto, exceto as compras de mercadorias;
- Demonstrações financeiras simplificadas (valores em euros):

Balanço esquemático	N	N-1
Ativo fixo líquido	400,000.00	400,000.00
Inventários	90,000.00	110,000.00
Clientes	174,000.00	120,000.00
Outras dívidas a receber a curto prazo (não cíclicas)	15,000.00	16,500.00
Meios financeiros líquidos	25,750.00	28,000.00
Capital próprio	307,300.00	250,000.00
Passivo não corrente (financiamentos bancários)	253,000.00	290,000.00
Fornecedores	120,000.00	85,000.00
Outras dívidas a pagar a curto prazo (não cíclicas)	24,450.00	49,500.00

EXERCÍCIOS DE ANÁLISE FINANCEIRA

Demonstração dos resultados esquemática	N	N-1
Volume de negócios	2,690,000.00	2,400,000.00
Custo das mercadorias vendidas	1,614,000.00	1,440,000.00
Gastos com o pessoal	690,000.00	620,000.00
Depreciações e amortizações	40,000.00	40,000.00
Outros gastos operacionais fixos	290,000.00	230,000.00
Resultados operacionais	56,000.00	70,000.00
Encargos financeiros líquidos	15,000.00	35,000.00
Resultados antes de impostos	41,000.00	35,000.00
Imposto sobre o rendimento	8,200.00	10,500.00
Resultado líquido do período	32,800.00	24,500.00

Pretende-se:

Com base no balanço funcional, elabore uma análise do equilíbrio financeiro a curto prazo. Que medidas sugere para reforçar os pontos fortes, ou ultrapassar os pontos fracos, detetados na empresa A?

RESPOSTA 2.6

O quadro seguinte apresenta o balanço funcional. Nas observações estão descritas as rubricas patrimoniais que entraram no cômputo dos itens do balanço funcional (valores em euros).

2. ANÁLISE DA ÁREA FINANCEIRA

Sigla	Designação	N	N-1	Obs.
RE	Recursos estáveis	560,300.00	540,000.00	(1)
AFL	Ativo Fixo Líquido	400,000.00	400,000.00	(2)
FM = RE – AF	**Fundo de Maneio**	**160,300.00**	**140,000.00**	
NC	Necessidades Cíclicas	264,000.00	230,000.00	(3)
RC	Recursos Cíclicos	120,000.00	85,000.00	(4)
NFM = NC – RC	**Necessidades em Fundo de Maneio**	**144,000.00**	**145,000.00**	
TL = FM – NFM	**Tesouraria Líquida**	**16,300.00**	**-5,000.00**	
EAT	Elementos Ativos de Tesouraria	40,750.00	44,500.00	(5)
EPT	Elementos Passivos de Tesouraria	24,450.00	49,500.00	(6)
TL = EAT – EPT	**Tesouraria Liquida**	**16,300.00**	**-5,000.00**	

Obs.
(1) Capital próprio e passivo não corrente (financiamentos bancários).
(2) Ativo fixo líquido
(3) Inventários e Clientes
(4) Fornecedores
(5) Outras dividas a receber a curto prazo (não cíclicas) e meios financeiros líquidos
(6) Fornecedores e outras dívidas a pagar a curto prazo (não cíclicas)

A empresa apresenta uma tendência de recuperação do equilíbrio financeiro a curto prazo. De uma situação de TL < 0 em N-1 evoluiu para uma situação de TL > 0 em N. Ou seja, em N-1 os meios financeiros existentes acrescidos das dívidas a receber a curto prazo não renováveis eram insuficientes para fazer face ao montante de dívidas a pagar a curto prazo não renováveis, sendo esperado um *deficit* de 5,000.00 euros no final do ano seguinte. Já no ano N, a situação inverte-se e é esperado um *superavit* de 16,3000.00 euros, no final do ano seguinte.

Para a evolução da TL contribuíram dois efeitos, ambos favoráveis. Por um lado, o aumento do fundo de maneio em cerca de 14.5%. Por outro lado, a ligeira diminuição das necessidades em fundo de maneio (cerca de -0.7%). De N-1 para N a empresa dispôs de uma margem de segurança maior e simultaneamente de menor necessidade de financiamento permanente à exploração.

Para o aumento do fundo de maneio, contribuiu o aumento dos recursos estáveis que mais do que compensou eventuais investimentos de reposição do ativo fixo (o valor do AFL manteve-se constante).

A ligeira diminuição do montante de necessidades em fundo de maneio em contexto de aumento do nível de atividade (recorde-se a típica correlação positiva entre NFM e nível de atividade) sugere alterações aos parâmetros que caracterizam a exploração que importa analisar. Os dados constam do quadro seguinte:

Sigla	Cálculo	N	N-1	Variação	Obs.
DINV	INV/Consumo *365	20.4	27.9	-7.5	(1)
PMR	CLI / VN * 365	23.6	18.3	5.4	(2)
PMP	FOR / CMP *365	27.5	21.5	5.9	(3)
CCX	DINV+PMR-PMP	16.5	24.6	-8.1	
CMP	Consumo+Ef-Ei	1,594,000.00	1,440,000.00		(4)

Obs.
(1) Consumo medido pelo Custo das Mercadorias Vendidas
(2) Ignorando IVA, conforme enunciado
(3) Ignorando IVA e considerando apenas as compras de mercadorias, conforme enunciado
(4) Considerando a variação de inventário nula em N-1, conforme enunciado

Como se pode observar no quadro acima, a redução em 7.5 dias na DINV em conjunto com o aumento em 5.9 dias no PMP mais do que compensaram o efeito do aumento em 5.4 dias do PMR, permitindo assim uma redução do ciclo de caixa em 8 dias (de 24.6 dias em N-1 para 16.5 dias em N).

Na medida em que a política de alargar o prazo médio de pagamento a fornecedores, prescindindo por isso de eventuais descontos de pronto pagamento, seja suportável pelas condições económicas e seja enquadrável nas práticas comerciais do sector, o ponto forte pode ser reforçado. De igual forma, admitindo que a redução da DINV resulta da otimização na gestão de inventários, é também um ponto forte a destacar. A concessão de mais tempo de crédito aos clientes pode ter uma raiz comercial, no entanto, deve ser monitorizado o aumento do risco associado a potenciais incobráveis, bem como os custos inerentes a um maior financiamento necessário.

QUESTÃO 2.7

Considere as seguintes informações relativas ao exercício N e N-1 da empresa A:

- A empresa não distribui dividendos.
- Por simplificação ignore o IVA.
- A variação de inventários em N-1 é nula.
- Os gastos operacionais são pagos a pronto, exceto as compras de mercadorias;
- A empresa B (credora) deve ser considerada sociedade dominante
- Demonstrações financeiras simplificadas (valores em euros):

Balanço esquemático	N	N-1
Ativo fixo líquido	350,000.00	350,000.00
Inventários	185,000.00	210,000.00
Clientes	162,000.00	140,000.00
Outras dívidas a receber a curto prazo (não cíclicas)	45,355.00	56,500.00
Meios financeiros líquidos	81,250.00	78,000.00
Capital próprio	420,805.00	350,000.00
Financiamentos bancários de médio e longo prazo	200,600.00	240,000.00
Divida à sociedade B	82,400.00	55,000.00
Fornecedores	86,500.00	140,000.00
Outras dívidas a pagar a curto prazo (não cíclicas)	33,300.00	49,500.00

Demonstração dos resultados esquemática	N	N-1
Volume de negócios	2,550,000.00	2,500,000.00
Custo das mercadorias vendidas	1,485,000.00	1,480,000.00
Gastos com o pessoal	673,450.00	690,000.00
Depreciações e amortizações	45,000.00	45,000.00
Outros gastos operacionais fixos	239,000.00	196,400.00
Resultados operacionais	107,550.00	88,600.00
Encargos financeiros líquidos	56,500.00	38,500.00
Resultados antes de impostos	51,050.00	50,100.00
Imposto sobre o rendimento	15,315.00	15,030.00
Resultado líquido do período	35,735.00	35,070.00

EXERCÍCIOS DE ANÁLISE FINANCEIRA

Pretende-se:
Com base no balanço funcional, e nos indicadores auxiliares que julgue convenientes, elabore uma análise do equilíbrio financeiro a curto prazo.

RESPOSTA 2.7

Para a resolução deste exercício, vamos começar por preparar o balanço funcional (valores em euros).

Sigla	Designação	N	N-1	Obs.
RE	Recursos estáveis	621,405.00	590,000.00	(1)
AFL	Ativo Fixo Líquido	350,000.00	350,000.00	(2)
FM = RE – AF	Fundo de Maneio	271,405.00	240,000.00	
NC	Necessidades Cíclicas	347,000.00	350,000.00	(3)
RC	Recursos Cíclicos	86,500.00	140,000.00	(4)
NFM = NC – RC	Necessidades em Fundo de Maneio	260,500.00	210,000.00	
TL = FM – NFM	Tesouraria Líquida	10,905.00	30,000.00	
EAT	Elementos Ativos de Tesouraria	126,605.00	134,500.00	(5)
EPT	Elementos Passivos de Tesouraria	115,700.00	104,500.00	(6)
TL = EAT – EPT	Tesouraria Líquida	10,905.00	30,000.00	

Obs.
(1) Capital próprio e financiamentos bancários de médio e longo prazo.
(2) Ativo fixo líquido
(3) Inventários e Clientes
(4) Fornecedores
(5) Outras dividas a receber a curto prazo (não cíclicas) e meios financeiros líquidos
(6) Fornecedores e outras dívidas a pagar a curto prazo (não cíclicas) e divida à sociedade B (esta classificação atende a um principio de prudência dado que a sociedade B é dominante (exerce controlo sobre A) e não está disponível informação sobre a maturidade da dívida.

A empresa A apresenta uma situação de equilíbrio financeiro nos anos em análise (TL > 0), embora existam indícios de alguma erosão de liquidez. Nos dois anos em análise o valor positivo do indicador TL sugere a existência de um saldo previsional (no final do ano seguinte) positivo entre a soma dos meios financeiros existentes acrescidos das dívidas a receber a curto prazo não renováveis e o montante de dívidas a pagar a

2. ANÁLISE DA ÁREA FINANCEIRA

curto não renováveis. No entanto, o valor deste excedente previsional diminui de N-1 para N.

Como se pode observar, a margem de segurança proporcionada pelo fundo de maneio aumenta, em resultado do aumento dos recursos estáveis (recorde-se que a empresa não distribui dividendos e aumentou o capital próprio), no entanto, as necessidades de financiamento permanente da exploração também aumentaram. Para este efeito, terá contribuído o aumento do nível de atividade e, como se pode observar no quadro seguinte, também a alteração na gestão financeira a curto prazo.

Sigla	Cálculo	N	N-1	Variação	Obs.
DINV	INV/Consumo *365	45.5	51.8	-6.3	(1)
PMR	CLI / VN * 365	23.2	20.4	2.7	(2)
PMP	FOR / CMP *365	21.6	34.5	-12.9	(3)
CCX	DINV+PMR-PMP	47.0	37.7	9.3	
CMP	Consumo+Ef-Ei	1,460,000.00	1,480,000.00		(4)

Obs.
(1) Consumo medido pelo Custo das Mercadorias Vendidas
(2) Ignorando IVA, conforme enunciado
(3) Ignorando IVA e considerando apenas as compras de mercadorias (enunciado)
(4) Considerando a variação de inventário nula em N-1 (enunciado)

Para o aumento das NFM, contribui o aumento do prazo de crédito a clientes e a diminuição do prazo médio obtido dos fornecedores, sendo o efeito atenuado pela redução da duração de inventários. Em conjunto, o tempo de financiamento do ciclo de exploração aumenta em cerca de 9 dias.

QUESTÃO 2.8

Considere as seguintes informações relativas à atividade da empresa ABC nos anos N-1 e N (por simplificação ignore o IVA):
- O volume de negócios ascendeu a 2,428,000.00 u.m. em N-1 e a 2,680,000.00 u.m. em N;
- A margem de contribuição é de 40%;

EXERCÍCIOS DE ANÁLISE FINANCEIRA

- Em N, as dívidas em mora (atípicas) a fornecedores ascendem a 10,000.00 u.m.;
- A variação de inventários em N-1 é zero;
- Os balanços esquemáticos constam do quadro seguinte:

Balanço esquemático ABC (valores em u.m.)	N	N-1
Ativo fixo líquido	300,000.00	274,250.00
Inventários	150,000.00	125,000.00
Clientes	240,000.00	200,000.00
Outras dividas a receber a curto prazo (não cíclicas)	20,500.00	7,000.00
Meios financeiros líquidos	16,500.00	15,250.00
Capital próprio	220,000.00	200,000.00
Passivo não corrente (financiamentos bancários)	295,000.00	271,000.00
Fornecedores (de mercadorias)	176,700.00	130,000.00
Outras dívidas a pagar a curto prazo (não cíclicas)	35,300.00	20,500.00

Pretende-se:
1. Com base na informação disponível, construa o balanço funcional.
2. Calcule os indicadores de funcionamento (em dias, ano civil): DINV (duração de inventários), PMR (prazo médio de recebimento) e PMP (prazo médio de pagamento).
3. Analise o equilíbrio financeiro a curto prazo e proponha medidas para reforçar (ultrapassar) os aspetos favoráveis (aspetos desfavoráveis).

RESPOSTA 2.8

De acordo com os pedidos, comecemos por contruir o balanço funcional (1.). Usem-se os saldos finais como representativos da situação do ano e tenha-se em consideração que a dívida em mora a fornecedores não deve ser considerada no ciclo operacional (carece de renovação assegurada pela exploração que o justifique), mas sim nos elementos passivos de tesouraria (presume-se o pagamento a curto prazo e evidencia a natureza pontual associada aos elementos atípicos).

2. ANÁLISE DA ÁREA FINANCEIRA

O mapa do balanço funcional consta do quadro seguinte:

Sigla	Designação	N	N-1	Obs.
RE	Recursos Estáveis	515,000.00	471,000.00	(1)
AFL	Ativo Fixo Líquido	300,000.00	274,250.00	(2)
FM = RE – AF	**Fundo de Maneio**	215,000.00	196,750.00	
NC	Necessidades Cíclicas	390,000.00	325,000.00	(3)
RC	Recursos Cíclicos	166,700.00	130,000.00	(4)
NFM = NC – RC	**Necessidades em Fundo de Maneio**	223,300.00	195,000.00	
TL = FM – NFM	**Tesouraria Líquida**	-8,300.00	1,750.00	
EAT	Elementos Ativos de Tesouraria	37,000.00	22,250.00	(5)
EPT	Elementos Passivos de Tesouraria	45,300.00	20,500.00	(6)
TL = EAT – EPT	**Tesouraria Líquida**	-8,300.00	1,750.00	

Obs.
(1) Capital próprio e passivo não corrente (financiamentos bancários)
(2) Ativo fixo líquido
(3) Inventários e Clientes
(4) Fornecedores (de mercadorias) excluindo valor em mora (atípica)
(5) Outras dívidas a receber a curto prazo (não cíclicas) e meios financeiros líquidos
(6) Outras dívidas a pagar a curto prazo (não cíclicas) e mora a fornecedores

De seguida (2.) calculem-se os indicadores de funcionamento que caracterizam o ciclo de exploração: DINV, PMR e PMP. Tenha-se em consideração os valores do balanço funcional e os dados do enunciado. O quadro seguinte ilustra os cálculos necessários.

Sigla	Cálculo	N	N-1	Obs.
CMV	VN*(1-MC%)	1,608,000.00	1,456,800.00	(1)
CMP	CMV+Ef-Ei	1,633,000.00	1,456,800.00	(2)
DINV	INV/CMV *365	34.0	31.3	
PMR	CLI / VN * 365	32.7	30.1	(3)
PMP	FOR / CMP *365	37.3	32.6	(4)

Obs.
(1) Consumo, medido pelo Custo das Mercadorias Vendidas
(2) Compras, considerando a variação de inventário nula em N-1, conforme enunciado
(3) Ignorando IVA, conforme enunciado
(4) Ignorando IVA e considerando apenas as compras de mercadorias, conforme enunciado

EXERCÍCIOS DE ANÁLISE FINANCEIRA

Por fim (3.), procede-se à análise do equilíbrio financeiro a curto prazo e deixam-se sugestões de política financeira.

A situação documentada sugere a entrada em desequilíbrio financeiro a curto prazo. Em N-1, a TL é positiva e em N, a TL é negativa. De uma situação (ano N-1) em que se prevê um excedente financeiro para o final do ano seguinte, a empresa passou a uma situação (ano N) em que, na ausência de medidas de correção, parte das dívidas existentes não poderão ser satisfeitas no ano seguinte (n+1).

Para esta situação contribuíram dos efeitos, com impacto simétrico. Por um lado, o fundo de maneio aumentou de N-1 para N, reforçando a margem de segurança proporcionada por capitais de longo prazo. Por outro lado, as NFM aumentaram o que traduz maior exigência de financiamento permanente à exploração. Como o aumento do FM foi inferior ao aumento das NFM, a empresa entrou em desequilíbrio financeiro a curto prazo.

A variação do FM beneficiou do adequado financiamento do investimento líquido realizado (numa perspetiva de equilíbrio). A variação das NFM ficou a dever-se ao aumento do nível de atividade (a correlação entre o nível de atividade e as necessidades em fundo de maneio é positiva) e a alteração dos parâmetros que caracterizam a gestão financeira a curto prazo (a maior exigência de aplicações permanentes que o aumento de DIN e de PMR representam não foi compensada pela maior disponibilidade de financiamento automático que o aumento de PMP representa).

Para futuro, mantendo-se a exigência de fundos que o financiamento do crescimento representa, há que procurar novos recursos estáveis, próprios ou alheios, e controlar a gestão financeira a curto prazo, em particular as aplicações no ciclo de exploração, procurando fazer uso de medidas que reduzam o ciclo de caixa. Neste contexto, e na medida em que a situação económica o permita e a capacidade negocial o proporciona, por exemplo, políticas comerciais agressivas com oferta de descontos de pronto pagamento ou factoring (sem recurso) contribuem para a redução do PMR. Também o aumento da frequência de compras (e redução das quantidades) permite uma gestão de stocks mais eficiente.

3. Análise da área económica

Estão os capitais aplicados a ser remunerados adequadamente? Esta preocupação com a rendibilidade constitui o elemento essencial da análise na perspetiva económica constante deste capítulo.

Manter uma rendibilidade adequada trata-se de um imperativo a que todas as empresas se obrigam. Pontualmente pode admitir-se uma rendibilidade insuficiente, no entanto, no longo prazo, a rendibilidade deve ser suficiente para assegurar a remuneração e renovação dos capitais utilizados e financiar o crescimento da atividade. O racional base para as preocupações com o nível de rendibilidade é simples. Se ano após ano a organização não consegue gerar rendimentos suficientes para cobrir os gastos em que incorre, inevitavelmente terá de encontrar fora da exploração financiamento adicional para suportar as despesas. Com o persistir da situação, acaba por esgotar a capacidade de endividamento, o que poderá conduzir à sua liquidação. Maiores exigências ocorrem quando as preocupações estão para além da manutenção da situação atual e se procura encontrar na exploração a fonte primária de recursos para o financiamento do crescimento.

Obviamente, o primeiro sinal de alerta é dado quando a remuneração dos capitais investidos, ainda que positiva, é insuficiente. Aliás, este é o mote para um conjunto de preocupações com a criação valor. Em termos financeiros, existe criação de valor quando a remuneração conseguida com determinada aplicação excede o custo (de oportunidade) do capital aplicado (ou seja, o que o investidor deixou da ganhar na melhor aplicação alternativa para o mesmo nível de risco).

EXERCÍCIOS DE ANÁLISE FINANCEIRA

Em termos históricos, estando apurados os resultados líquidos e subtraindo a estes os custos (implícitos) com os capitais próprios temos uma noção do valor (histórico) criado (ou destruído, no caso de negativo) pela empresa no período em análise. Por outras palavras, se o resultado líquido do período (o valor do resultado disponível para os proprietários) tiver sido suficiente para remunerar os proprietários à taxa que os mesmos pretendem e ainda gerar um excedente, estamos perante um resultado residual positivo. E este resultado pode ser partilhado entre gestores e proprietários criando mecanismos de incentivos para os primeiros, sem colocar em causa a remuneração mínima exigida pelos segundos.

Em valor absoluto, a noção de rendibilidade é abordada através da análise do contributo dos diferentes resultados para a formação do resultado líquido. Em particular, destaca-se o EBITDA, resultado antes de juros, impostos, depreciações e amortizações e o EBIT, resultado antes de juros e impostos. O primeiro enquanto indicador (enviesado, é certo, mas disponível nas demonstrações financeiras preparadas de acordo com o SNC) do contributo potencial da exploração para a tesouraria da empresa. O segundo, enquanto indicador do contributo da atividade principal da empresa para o resultado global. Neste âmbito, a análise da estrutura de rendimentos e gastos constitui um ponto de partida, essencial para levantar de questões a que o estudo deve procurar dar resposta.

Em valores relativos, a rendibilidade assume a sua expressão usual, como o quociente entre um resultado e um indicador dos capitais usados para o alcançar.

Na perspetiva económica, estuda-se a rendibilidade do conjunto dos capitais investidos independentemente da sua origem. Diferentes aceções para o investimento total resultam em diferentes indicadores, com designações nem sempre consensuais. Tradicionalmente usa-se o Ativo Total (líquido) como indicador do investimento total e estuda-se a rendibilidade operacional do ativo (ROA). Mais recentemente, tem vindo a ganhar expressão a solução de subtrair ao montante das aplicações totais os recursos gerados automaticamente pela exploração, definindo-se, em análise financeira, o indicador capitais investidos o que permite estudar a rendibilidade dos capitais investidos (antes ou depois de impostos sobre o rendimento). Numa perspetiva de avaliação de empresas, o indicador capitais investidos é ainda recalculado subtraindo os elementos ativos de tesouraria, solução que neste manual se preferiu designar por ativo económico, para evitar duplicações.

Na perspetiva financeira, é assumida uma dada estrutura de financiamento e estuda-se a rendibilidade dos capitais próprios.

Nos exercícios deste capítulo, a questão da rendibilidade é abordada ainda com uma outra preocupação. Quais os fatores que condicionam uma dada rendibilidade e qual a intensidade dessa contribuição? A técnica da análise desdobrada de rácios tem aqui uma aplicação privilegiada, sobretudo por recurso aos modelos multiplicativos de tipo DuPont.

QUESTÃO 3.1

Na perspetiva dos sócios, e existindo capitais próprios disponíveis, o recurso ao endividamento para financiar a atividade da empresa traduz-se numa má opção por causa do desperdício que o pagamento de juros representa. Comente.

RESPOSTA 3.1

A questão tem implícito um equívoco. Embora seja verdade que aos capitais alheios está associado um custo explícito em juros, os capitais próprios não devem ser considerados gratuitos uma vez que a sua disponibilização pelos proprietários tem implícita uma dada remuneração. Aliás, racionalmente, a remuneração (implícita) dos capitais próprios deve até ser superior à remuneração (explícita) dos capitais alheios, dado o maior risco que (os próprios) suportam.

Resolvido o equívoco anterior, importa refletir sobre rendibilidade dos capitais investidos. Como nos mostra o modelo do efeito financeiro de alavanca (efeito *levier*) enquanto o custo médio dos capitais alheios for inferior à rendibilidade do investimento, o aumento do peso do endividamento alavanca favoravelmente a rendibilidade dos capitais próprios. Não podia ser de outra forma: por exemplo, se uma dada aplicação proporciona um retorno de 10% e para a financiar recorremos a capitais alheios com um custo de 8%, o diferencial é um prémio arrecadado pelos "donos" do empreendimento, isto é, os detentores de capitais próprios.

Se em termos económicos estão identificadas as condições que favorecem o aumento do endividamento, em termos financeiros é necessário avaliar se a solvabilidade futura é suficiente para acomodar o acréscimo de *cash outflows* contratualizados que o endividamento representa. Não estando estas condições reunidas, é questionável a vantagem económica que o recurso ao endividamento pode representar.

QUESTÃO 3.2

Explicite o conceito de resultado residual e mostre a utilidade da sua utilização para definir mecanismos de incentivo dos gestores, nomeadamente face ao resultado líquido do período.

RESPOSTA 3.2

O resultado residual representa o resultado global da empresa depois de imputado o custo referente à utilização de capitais próprios que, como sabemos, não é considerado na demonstração dos resultados. Considerando a inexistência de resultados extraordinários (ou não correntes), pode ser calculado de duas formas:

$$RR = EBIT * (1\text{-}t) - Km*CI_{ip}$$
$$RR = RLP - Ke*C'P_{ip}$$

Onde, RR é resultado residual, EBIT, resultado antes de juros e impostos (*earnings before interest and taxes*) usualmente aproximado pelos resultados operacionais, t é a taxa de imposto sobre o rendimento, Km é o custo médio ponderado do capital, CI_{ip} os capitais investidos iniciais (os capitais investidos podem ser calculados de diversas formas, mas pode assumir-se que correspondam ao somatório do capital próprio – C'P – com a dívida financeira – DF), RLP resultado líquido do período, ke custo do capital próprio (com endividamento) e C'P capital próprio (*equity*) inicial.

Definir incentivos remuneratórios para os gestores com base no resultado residual, significa a partilha entre gestores e proprietários de um excedente face à remuneração mínima que os proprietários exigem da empresa. O mesmo não acontece se o incentivo for baseado no RLP. Na verdade, se os gestores implementarem políticas de aumento dos resultados a curto prazo na expectativa de maiores remunerações, podem estar a reservar para si uma parcela que de outra forma seria atribuível aos proprietários.

QUESTÃO 3.3

Considere as seguintes informações referentes à atividade da Empresa RENDA em dois anos de atividade consecutivos, N e N-1 (valores em euros).

Rubricas	N	N-1
Vendas	864.000,00	680.000,00
Resultado operacional	36.000,00	32.000,00
Encargos financeiros líquidos	26.250,00	13.500,00
Resultado antes de impostos	9.750,00	18.500,00
Impostos sobre o rendimento	2.925,00	4.625,00
Resultado líquido do período	6.825,00	13.875,00
Ativo (económico)	360.000,00	320.000,00
Capitais próprios	150.000,00	140.000,00
Capital alheio (financeiro)	210.000,00	180.000,00

Utilizando um modelo multiplicativo, analise a evolução da rendibilidade dos capitais próprios identificando as influências mais relevantes.

RESPOSTA 3.3

Para a resolução deste exercício, vamos adotar a técnica de análise desdobrada de rácios. Com base nos modelos multiplicativos de tipo DuPont, é relativamente simples construir o seguinte modelo (não considera resultados extraordinários) para analisar a rendibilidade dos capitais próprios:

$$RC'P = (RO/VN * VN/AE) * (RAI/RO * AE/C'P) * (RLP/RAI)$$
$$RC'P = ROA * IAF * FIS$$

Onde RC'P, rendibilidade dos capitais próprios (por vezes identificada com a sigla ROE do inglês *return on equity*), RO, resultado operacional, VN, volume de negócios, AE, ativo económico, RAI, resultado antes de impostos, C'P, capitais próprios, RLP, resultado líquido do periodo, ROA rendibilidade operacional do ativo, IAF, índice de alavanca financeira e FIS, efeito fiscal.

EXERCÍCIOS DE ANÁLISE FINANCEIRA

O primeiro termo, ROA = RO/VN * VN/AE, mede o contributo da política de investimento. O segundo termo IAF = RAI/RO * AE/C'P, mede o contributo da política de financiamento e o terceiro termo FIS = RL/RAI mede o impacto da área fiscal (em sede de tributação societária).

Desta forma, conseguimos identificar aqueles contributos e a intensidade da contribuição de cada um para a rendibilidade dos capitais próprios da empresa.

Os cálculos estão resumidos no quadro seguinte:

Nr.	Sigla	Ano N	Ano N-1
(1)	RC'P	0.046	0.099
(2)	RO/V	0.042	0.047
(3)	V/A	2.400	2.125
(4) = (2)*(3)	ROA	0.100	0.100
(5)	RAI/RO	0.271	0.578
(6)	A/CP	2.400	2.286
(7) = (5)*(6)	IAF	0.650	1.321
(8)	RLP/RAI	0.700	0.750
(9) = (4)*(7)*(8)	Controlo (multiplicativo)	0.046	0.099

A rendibilidade dos capitais próprios experimentou uma significativa redução de N-1 para N, tendo baixado de 9.9% para menos de metade, o que contribuiu para esta situação?

O impacto da política de investimento foi idêntico. Nos dois anos em análise, a rendibilidade operacional do ativo foi de 10%.

A política de financiamento teve um efeito determinante. Em N-1, o IAF é superior a 1. Em N o IAF é inferior a 1. Isto significa que em N-1 a política de financiamento teve um efeito favorável, ou seja alavancou favoravelmente a ROA em benefício dos titulares dos capitais próprios, ao passo que que N a alavanca foi desfavorável.

Também o efeito fiscal foi mais impactante no ano N relativamente ao ano anterior. Em N-1, 75% do RAI ficou disponível como RLP (taxa efetiva de imposto de 25%). No ano N, apenas 70% do RAI ficou disponível como RLP (taxa efetiva de imposto de 30%).

3. ANÁLISE DA ÁREA ECONÓMICA

Embora a ROA tenha alcançado valores iguais nos dois anos em análise, tal foi possível por vias ligeiramente diferentes. Na verdade, a margem de lucro operacional (rendibilidade operacional do negócio, RO/VN) experimentou um ligeiro decréscimo ao passo que a rotação do ativo experimentou um ligeiro acréscimo. Ou seja, a empresa deixou de libertar como resultado operacional ligeiramente menos euros por euro de volume de negócios, mas conseguiu realizar ligeiramente mais euros de volume de negócios por euro aplicado no ativo.

No caso do IAF, são notórios dois efeitos contraditórios (na perspetiva da RC'P). Por um lado, o peso dos encargos financeiros (medido pelo indicador RAI/RO) aumentou significativamente. Em N-1 cerca de 58% do RO ficou disponível como RAI contra 27% no ano N. Ou seja, os encargos financeiros tiveram um peso significativamente maior em N. Por outro lado, o peso da dívida no financiamento do ativo (medido pelo indicador A/CP) aumentou ligeiramente. Em N-1, o ativo foi cerca de 2.3 vezes maior do que capital próprio. Em N, o ativo é 2.4 vezes maior do que o capital próprio.

Em suma, retomando os dados do problema, é notório que o acréscimo de capital alheio (financeiro) acompanhado do aumento dos encargos financeiros (por motivo daquele, por deterioração das condições do mercado de crédito, ou provocado pelas duas situações em simultâneo), que duplicaram no período em análise, mais do que compensou o ligeiro aumento de resultado operacional, proporcionando uma situação de política financeira desfavorável.

QUESTÃO 3.4

Considere as seguintes informações relativas a uma empresa:
- Capitais investidos (CI_{ip}): 1,000.00 u.m.
- Custo do capital próprio (ke): 20%
- Taxa de imposto sobre o rendimento (t = ISR/RAI): 40%
- Autonomia financeira ($C'P_{ip}/CI_{ip}$): 60%
- Rendibilidade operacional dos capitais investidos ($ROCI_{ip}$ = EBIT/CI_{ip}): 10%
- Grau de Alavanca Operacional (GAO = MC/EBIT): 4
- Ponto Crítico Operacional (PCO = GOF / MB%): 750.00 u.m

- Grau de Alavanca Financeira (GAF = EBIT /RAI): 2.5
- Inexistência de resultados extraordinários

Calcule e interprete o resultado residual.

RESPOSTA 3.4

Sabemos que CI = DF + C'P, onde DF representa dívida financeira, e que AF = 60%. Logo C'P = 600 u.m. e DF = 400 u.m. (os valores são referentes ao início do período).

Sabemos que $ROCI_{ip}$ = $EBIT/CI_{ip}$ = 10%. Logo EBIT = 100 u.m.

Sabemos que GAF = EBIT /RAI = 2.5. Logo RAI = 40 u.m. Como t = 40%, RLP = RAI * (1-t) = 24 u.m.

Então, RR = RL − $Ke*C'P_{ip}$ = 24 − 0.20*600 = -96 u.m.

Apesar de resultados líquidos positivos, o resultado residual é negativo. Esta empresa está a destruir valor para o acionista porque não consegue remunerar os capitais investidos às taxas pretendidas. Os donos da empresa (os próprios) exigiam uma remuneração de 20% sobre o valor de 600 u.m. aplicado (ou seja um montante de 120 u.m.). A empresa apenas conseguiu proporcionar um RLP de 24 u.m. No pressuposto de que os 20% exigidos correspondem à remuneração da melhor aplicação alternativa para o mesmo nível de risco, a que os sócios tiveram que renunciar para aplicar os seus capitais nesta empresa, isso significa que prescindiram de uma remuneração de 120 u.m. em troca de uma remuneração de 24 u.m. Por outras palavras, a sua riqueza não aumentou 120 u.m. mas apenas 24 u.m., sendo 96 u.m. o valor do rendimento que deixaram de conseguir obter.

QUESTÃO 3.5

Considere as seguintes informações relativas a uma empresa:

Rotação do ativo	RA	VN/A	2.5
Autonomia financeira	AF	C'P/A	40.0%
Ativo líquido	A	Euros	500,000.00
Taxa de imposto sobre o rendimento	t	%	25.0%
Rendibilidade operacional das vendas	ROV	RO/VN	5.0%

Com base na informação disponível, calcule o custo médio dos capitais alheios que a empresa pode suportar de forma a permitir remunerar os capitais próprios à taxa de 15%. Justifique a sua resposta.

RESPOSTA 3.5

Para a resolução desta questão, vamos recorrer à técnica de análise desdobrada de rácios com um modelo aditivo (de tipo *efeito levier*) para explicar a rendibilidade dos capitais próprios. A saber (ignorando efeitos extraordinários),

$$RC'P = (ROA + (ROA - CMCA)*CA/C'P)*RL/RAI$$

onde RC'P = RL/CP é a rendibilidade dos capitais próprios (C'P), ROA = RO/A é a rendibilidade operacional do ativo, CMCA = EFL/CA é o custo médio dos capitais alheios (de financiamento), EFL, significa encargos financeiros líquidos, RLP, resultado líquido do periodo, e RAI representa o resultado antes de impostos.

De RA = VN/A = 2.5 e de ROV = RO/VN = 5.0%, sabemos que ROA = RO/A = 12.5%.

De AF = C'P/A = 40% e de A = 500,000.00, sabemos que C'P = 200,000.00. Como A = C'P + CA, CA = 300,000.00.

De RAI *(1-t) = RLP e sabendo que t = 25.0%, calculamos RLP/RAI = 75.0%

EXERCÍCIOS DE ANÁLISE FINANCEIRA

Pelo que, para responder à questão, basta resolver a equação do modelo em ordem a CMCA: de 15.0% = (12.5% + (12.5% – CMCA)*300,000.00/ /200,000.00)*75%, retira-se CMCA = 7.5%.

Em suma, enquanto o CMCA for inferior a 7.5%, a empresa consegue proporcionar aos proprietários uma rendibilidade de pelo menos 15%, usando o efeito (favorável) de alavanca financeira.

QUESTÃO 3.6

Construa um modelo de análise desagregada de rácios que lhe permita analisar o impacto dos *gastos operacionais variáveis* (GOV) e dos *gastos operacionais fixos* (GOF), entre outros efeitos, sobre a *rendibilidade operacional do ativo* (ROA) e interprete os indicadores obtidos.

RESPOSTA 3.6

A técnica de análise desagregada de rácios visa decompor um rácio noutros rácios de forma a evidenciar os fenómenos que explicam (quais os contributos e qual a intensidade da contribuição) a evolução observada. Neste exemplo pretende-se ficar a conhecer o impacto de GOV e de GOF sobre a evolução de ROA = RO / A.

Recordando a estrutura da demonstração dos resultados, sabemos que RO = PRO – GOV – GOF e podemos definir MC = PRO – GOV, onde PRO significa Produção, ou seja o somatório dos rendimentos operacionais e MC, significa margem contribuição.

Assim,

ROA = RO/A = RO/A * PRO/PRO = RO/PRO * PRO / A. Podemos medir o efeito conjunto dos GOV e dos GOF pelo indicador "margem de lucro", RO/PRO e o efeito rotação do ativo pelo indicador PRO/A. Repare-se que PRO é diferente de RO pelo efeito conjunto de GOV e GOF. Este esforço de decomposição pode ainda ser perseguido para separar o efeito dos GOV e dos GOF usando o indicador MC.

ROA = RO/PRO * PRO/A * MC/MC = PRO/A * MC/PRO * RO/MC

Como se pode observar, é possível com esta análise desagregada de ROA, concluir que a rendibilidade operacional do ativo é influenciada pelo produto "rotação" vezes "margem de lucro" e que a "margem de lucro" é influenciada pelo peso dos GOV (dado por MC/PRO) e peso dos GOF (dado por RO/MC).

O indicador MC/PRO mede a percentagem de PRO que fica disponível depois de suportar os GOV.

O indicador RO/MC mede a percentagem de MC que fica disponível depois de suportar os GOF.

QUESTÃO 3.7

Considere as seguintes informações relativas ao exercício N e N-1 da empresa A:

- A empresa não distribui dividendos.
- Por simplificação ignore o IVA.
- A variação de inventários em N-1 é nula.
- Os gastos operacionais são pagos a pronto, exceto as compras de mercadorias;
- Demonstrações financeiras simplificadas (valores em euros):

Balanço esquemático	N	N-1
Ativo fixo líquido	440,000.00	400,000.00
Inventários	120,000.00	110,000.00
Clientes	130,000.00	120,000.00
Outras dívidas a receber a curto prazo (não cíclicas)	15,000.00	16,500.00
Meios financeiros líquidos	23,250.00	28,000.00
Capital próprio	274,125.00	250,000.00
Passivo não corrente (financiamentos bancários)	345,000.00	290,000.00
Fornecedores	95,000.00	85,000.00
Outras dívidas a pagar a curto prazo (não cíclicas)	14,125.00	49,500.00

EXERCÍCIOS DE ANÁLISE FINANCEIRA

Demonstração dos resultados esquemática	N	N-1
Volume de Negócios	2,690,000.00	2,400,000.00
Custo das mercadorias vendidas	1,614,000.00	1,440,000.00
Gastos com o pessoal	682,450.00	630,000.00
Depreciações e amortizações	44,000.00	40,000.00
Outros gastos operacionais fixos	295,450.00	265,000.00
Resultados operacionais	54,100.00	25,000.00
Encargos financeiros líquidos	28,000.00	18,500.00
Resultados antes de impostos	26,100.00	6,500.00
Imposto sobre o rendimento	6,525.00	1,950.00
Resultado líquido do período	19,575.00	4,550.00

Pretende-se:

Utilizando o indicador *capitais investidos* e um modelo adequado, explicite a influência das políticas de investimento, de financiamento e fiscal na rendibilidade dos capitais próprios. Que medidas sugere para ultrapassar os constrangimentos detetados?

RESPOSTA 3.7

Este exercício especifica a utilização dos capitais investidos como indicador do investimento (total) realizado na empresa e é omisso quanto ao tipo modelo de análise desagregada de rácios a utilizar, multiplicativo de tipo DuPont ou aditivo de tipo efeito *levier*. Podemos por isso assumir dois tipos de decomposição (embora apenas uma seja necessária):

$$RC'P = (ROCI + (ROCI - CMDF)^*DF/C'P)^*RLP/RAI$$

$$RC'P = (RO/VN * VN/CI) * (RAI/RO * CI/C'P) * (RLP/RAI) = ROA * IAF * FIS$$

O capital investido (CI) é dado pela soma entre o ativo fixo líquido, necessidades em fundo de maneio e elementos ativos de tesouraria e a divida financeira (DF) corresponde à soma entre recursos alheios estáveis e elementos passivos de tesouraria. Como se percebe, as rubricas de balanço seguem a abordagem funcional. Definido desta forma o investimento total na empresa, a rendibilidade económica é calculada através do indicador rendibilidade operacional dos capitais investidos (ROCI), ou seja o quociente entre resultados operacionais e os capitais investidos. Também o custo médio do passivo de financiamento é redefinido como o quociente entre os encargos financeiros líquidos e o passivo de financiamento (ou dívida financeira). Os demais elementos assumem a definição habitual.

No quadro seguinte apresenta-se o cálculo dos capitais investidos e do passivo de financiamento (valores em euros):

Indicador	Sigla	N	N-1	Obs.
Capitais Investidos	CI	633,250.00	589,500.00	(1)
Dívida Financeira	DF	359,125.00	339,500.00	(2)
Obs. (1) Ativo fixo líquido, Inventários, Clientes, Outras dívidas a receber a curto prazo (não cíclicas), Meios financeiros líquidos, Fornecedores (a subtrair) (2) Passivo não corrente (dívidas bancárias) e Outras dívidas a pagar (não cíclicas)				

O quadro seguinte, ilustra os cálculos referentes à decomposição aditiva, de tipo efeito *levier*:

Nr.	Sigla	Ano N	Ano N-1
(1)	RC'P	0.071	0.018
(2)	ROCI	0.085	0.042
(3)	CMPF	0.078	0.054
(4)	DF /C'P	1.310	1.358
(5) = [(2)-(3)]*(4)	Efeito *Levier*	0.010	-0.016
(6)	RLP/RAI	0.750	0.700
(7) = [(2)+(5)]*(6)	Controlo (aditivo)	0.071	0.018

Como se pode observar, a rendibilidade dos capitais próprios experimentou um aumento significativo de N-1 para N. Para essa evolução contribuíram três efeitos favoráveis. Em primeiro lugar, a rendibilidade do investimento (medida pelo ROCI) subiu significativamente (veremos

EXERCÍCIOS DE ANÁLISE FINANCEIRA

a seguir que se tratou da consequência de uma aumento de margens de lucro e de rotação do investimento). Em segundo lugar, a política financeira passou a dar um contributo positivo para a rendibilidade dos capitais próprios (o efeito *levier* passou de negativo a positivo). Este efeito resulta, mais uma vez do aumento de rendibilidade do investimento. Na verdade, de N-1 para N assiste-se a um aumento do custo médio do passivo de financiamento (de 5.4% para 7.8%) e a uma ligeira redução na importância dos passivos no financiamento da empresa (o quociente PF/C′P reduz-se de 1.358 para 1.310, de N-1 para N, respetivamente). Assim, o aumento da rendibilidade dos capitais investidos (ROCI) mais do que compensou os efeitos nefastos (na perspetiva da rendibilidade dos capitais próprios) do aumento do custo dos financiamentos e da sua menor utilização relativa. Em terceiro lugar, o peso dos impostos reduziu-se de N-1 para N. Como se pode observar, em N-1, 70% do RAI ficou disponível como RL, enquanto que em N a disponibilidade de RL aumentou para 75%.

O quadro seguinte ilustra os cálculos referentes à decomposição multiplicativa, de tipo DuPont:

Nr.	Sigla	Ano N	Ano N-1
(1)	RC′P	0.071	0.018
(2)	RO/VN	0.020	0.010
(3)	VN/CI	4.248	4.071
(4) = (2)*(3)	ROCI	0.085	0.042
(5)	RAI/RO	0.482	0.260
(6)	CI/C′P	2.310	2.358
(7) = (5)*(6)	IAF	1.114	0.613
(8)	RLP/RAI	0.750	0.700
(9) = (4)*(7)*(8)	Controlo (multiplicativo)	0.071	0.018

Como explicar o aumento da rendibilidade dos capitais próprios? Podemos observar três efeitos favoráveis: das políticas de investimento, de financiamento e fiscal. Em primeiro lugar, a rendibilidade do investimento mais do que duplicou (o ROCI passa de 4.2% para 8.5%). A política de investimento foi tal que permitiu gerar maiores resultados operacionais por euro investido. Este efeito foi conseguido à custa de um aumento de

3. ANÁLISE DA ÁREA ECONÓMICA

margens de lucro (de 1% para 2%) e de rotação dos capitais investidos (de 4.072 para 4.248). Ou seja, o resultado operacional em cada euro de vendas foi superior e conseguiu-se maior volume de negócios por euro investido.

Em segundo lugar, de uma política de financiamento desfavorável à RC′P a empresa passou a uma política favorável. Repare-se: o IAF foi de 0.613 em N-1, ou seja, a rendibilidade do investimento é reduzida para 0.613*ROCI quando se leva em conta o efeito da política de financiamento. Já em N, o efeito da politica de financiamento é favorável (na perspetiva da rendibilidade dos capitais próprios): a rendibilidade do investimento é alavancada para 1.114*ROCI quando são considerados os efeitos da política de financiamento. E porque é que este efeito acontece? Porque o peso dos encargos financeiros diminui (como se observa pelas demonstrações financeiras, um efeito resultante do aumento do RO que mais do que compensa o aumento de EFL) ainda que se verifique uma redução do peso do passivo de financiamento (como se observa pela evolução do quociente CI/C′P).

Em terceiro lugar, o peso dos impostos diminui de N-1 para N. A taxa efetiva de imposto passou de 30% em N-1 para 25% em N.

Em suma, a melhoria da rendibilidade operacional permitiu melhorar a rendibilidade dos capitais próprios da empresa quer diretamente quer através da politica de financiamento, beneficiando aquela ainda do efeito favorável da politica fiscal.

QUESTÃO 3.8

Considere as seguintes informações relativas à atividade da empresa TUV nos anos N-1 e N:

Rubricas TUV (valores em u.m.)	N	N-1
Volume de negócios	680,000.00	580,000.00
Gastos operacionais variáveis	-136,000.00	-174,000.00
Gastos operacionais fixos	-480,000.00	-350,000.00
Resultado operacional	64,000.00	56,000.00
Encargos financeiros líquidos	-19,000.00	-35,000.00
Resultado antes de impostos	45,000.00	21,000.00
Impostos sobre o rendimento	-13,500.00	-4,200.00
Resultado líquido	31,500.00	16,800.00
Investimento total	570,000.00	550,000.00
Dívida financeira	190,000.00	220,000.00
Capitais próprios	380,000.00	330,000.00

Com base num modelo de análise desagregada de rácios de tipo aditivo (efeito *levier*), analise os fatores que condicionaram a evolução da rendibilidade na ótica financeira (ou seja, dos capitais próprios).

RESPOSTA 3.8

O enunciado especifica a utilização de um modelo de tipo aditivo (efeito *levier*) para analisar os fatores que condicionaram a evolução da rendibilidade dos capitais próprios. Esta decomposição pode ser observada na expressão seguinte:

$$RC'P = [ROI + (ROI - CMDF)*IT/C'P]*(RAI/RCO)*(1-t)$$

onde ROI é rendibilidade operacional do investimento total (ROI = RO/IT), CMDF é custo médio da divida financeira (CMDF = EFL/DF), IT é investimento total (IT = DF + C'P). As restantes siglas têm os significados habituais.

A decomposição anterior obtém-se facilmente a partir de:

RLP = RAI – t*RAI = RAI*(1-t), onde t é taxa de imposto sobre o rendimento

RLP = RCO*(RAI/RCO)*(1-t)

RLP = (RO-EFL)*(RAI/RCO)*(1-t)

Pelo que, usando a definições de ROI e de CMDF, se tem:

RLP = (ROI*IT-CMDF*DF)*(RAI/RCO)*(1-t) = [ROI*(DF+C'P)--CMDF*DF]*(RAI/RCO)*(1-t)

E por fim, recordando que RC'P = RLP/C'P,

RC'P = [ROI*(DF+C'P)/C'P-CMDF*DF/C'P]*(RAI/RCO)*(1-t)

RC'P = [ROI+(ROI-CMDF)*(DF/C'P)]*(RAI/RCO)*(1-t)

RC'P = [efeito investimento + efeito financiamento]*efeito não corrente*efeito fiscal

A apresentação deste modelo num quadro apropriado, facilita a identificação dos efeitos relevantes. Retome-se os dados da empresa TUV. Recorde-se que RAI = RCO+RNC, pelo que não existindo motivos que nos permitam identificar a existência de resultados não correntes, temos RCO = RAI.

Nr.	Rubrica	N	N-1
(1)	RC'P = RLP / C'P	0.0829	0.0509
(2)	Margem = RO/VN	0.0941	0.0966
(3)	Rotação = VN/IT	1.1930	1.0545
(4) = (2)*(3)	ROI = RO/IT	0.1123	0.1018
(5)	CMDF	0.1000	0.1591
(6)	DF /C'P	0.5000	0.6667
(7) = [(4)-(5)]*(6)	Efeito *Levier*	0.0061	-0.0382
(8)	Efeito Não Corrente = RAI/RCO	1.0000	1.0000
(9)	RLP/RAI	0.7000	0.8000
(10) = [(4)+(7)]*(8)*(9)	Controlo (aditivo)	0.0829	0.0509

Como se pode observar, a rendibilidade dos capitais aumentou cerca de 3 pontos percentuais entre N-1 e N. Na base deste aumento estiverem dois efeitos favoráveis (das politicas de investimento e de financiamento), um efeito neutro (efeito não corrente) e um efeito desfavorável (efeito fiscal).

A rendibilidade do investimento total experimentou um ligeiro aumento, de 10,18% em N-1 para 11.23% em N. Na base deste aumento está a opção por aumento da rotação, em detrimento da margem de lucro.

É na política de financiamento que encontramos a evolução mais significativa. De uma alavanca desfavorável em N-1 (efeito *levier* negativo) passamos a uma alavanca favorável (*levier* positivo) em N. Na base desta evolução está a significativa redução do custo da dívida (em conjunto com o ligeiro aumento da rendibilidade do investimento) que mais do que compensou a quebra do peso do financiamento em capitais alheios. Numa palavra, em N a empresa usou relativamente menos capitais alheios e a um custo médio menor.

O efeito não corrente é neutro.

O efeito fiscal evidencia uma evolução desfavorável à rendibilidade dos capitais próprios. O imposto sobre o rendimento foi mais impactante em N do que havia sido em N-1. Em N, 70% do RAI ficou disponível como RLP (taxa de imposto de 30%). Em N-1, 80% do RAI ficou disponível como RLP (taxa de imposto de 20%).

Em conclusão. Os efeitos favoráveis do aumento da rotação e da diminuição do custo da divida, permitiram compensar as evoluções desfavoráveis verificadas e aumentar a rendibilidade dos capitais próprios.

4. O risco e as alavancas operacional e financeira

Neste capítulo são apresentados exercícios que se destinam a avaliar o impacto da estrutura de gastos na volatilidade do resultado líquido (corrente). A intuição é simples. Por existirem gastos que podem ser considerados fixos em relação às oscilações do nível de atividade, vamos ter um efeito de ampliação desses movimentos.

O efeito é tanto maior quanto maior for o peso desses gastos fixos na estrutura de gastos e ocorre a dois níveis. Primeiro sobre a volatilidade do resultado operacional em consequência da estrutura operacional que acarreta os correspondentes gastos operacionais fixos. É o designado risco operacional (uma das componentes do risco de negócio). Posteriormente sobre o resultado líquido (corrente) em consequência da estrutura de financiamento à qual estão associados gastos financeiros, considerados fixos. Trata-se do risco financeiro. Considerados em conjunto, mede-se o risco global (efeito de alavanca combinado), ou seja o impacto da estrutura operacional e da estrutura de financiamento sobre a variação do resultado liquido corrente.

Admita-se que todos os gastos operacionais são variáveis. Neste caso, uma variação de $d\%$ no nível de atividade seria acompanhada de uma variação de $d\%$ no nível de gastos e também de $d\%$ no nível do resultado operacional. A estrutura de gastos não representa uma fonte adicional de variação do resultado operacional. O risco operacional é neutro. Agora, se existirem gastos operacionais fixos, a variação de $d\%$ no nível de atividade representa uma variação superior a $d\%$ no nível de resultado operacional, dado que a partir da cobertura dos gastos operacionais fixos todo o rendimento variável gerado fica disponível como resultado operacional.

Raciocínio semelhante pode ser seguido para intuir o efeito dos gastos financeiros (fixos) sobre a volatilidade do resultado líquido corrente.

Como medir este efeito? Para medir o risco operacional, a solução passa pelo conceito de elasticidade do resultado operacional em relação ao nível de atividade, ou seja, o quociente entre variação percentual do resultado operacional e a variação percentual do nível de atividade. De forma semelhante, para medir o risco financeiro calcula-se a elasticidade do resultado líquido corrente em relação ao resultado operacional. O efeito combinado destas duas fontes de risco, mede-se pela elasticidade do resultado líquido corrente em relação ao nível de atividade que, como facilmente se demonstra, corresponde ao produto entre as duas elasticidades anteriores. Ou seja,

$$
\begin{aligned}
GAC &= \Delta\%RLC \,/\, \Delta\%PRO \\
&= (\Delta\%RLC \,/\, \Delta\%PRO) * (\Delta\%RO \,/\, \Delta\%RO) \\
&= (\Delta\%RO \,/\, \Delta\%PRO) * (\Delta\%RLC \,/\, \Delta\%RO) \\
&= GAO * GAF
\end{aligned}
$$

Onde GAC é grau de alavanca combinado, GAO é grau de alavanca operacional, GAF é grau de alavanca financeira, RLC é resultado líquido corrente (ou seja, resultado líquido expurgado do efeito de eventuais resultados extraordinários ou não correntes), PRO é produção (o somatório dos rendimentos operacionais), RO é resultado operacional e $\Delta\%$ significa variação percentual.

Obviamente existem outras medidas de risco. Por exemplo, para o risco operacional é usual medir o *ponto crítico operacional*, PCO, ou seja o nível de produção necessário para cobrir a totalidade dos gastos operacionais (variáveis e fixos) e confrontar este valor com a *margem de segurança operacional*, MSO, ou seja a queda percentual no nível de produção que conduz ao limiar do pronto crítico.

No âmbito do risco financeiro e na perspetiva dos credores, sobretudo bancários, é relevante a capacidade de cobertura das responsabilidades financeiras por meios financeiros gerados pela exploração. Surgem assim indicadores que resultam do quociente entre uma medida de *cash flow* exploração (e.g., EBITDA) e uma medida das responsabilidades financeiras (e.g., juros ou serviço da dívida).

A nível de risco global, a necessidade de uniformizar a decisão de crédito esteve na base de indicadores multidimensionais de pontuação de risco de crédito, o *scoring*, e a tentativa de ter em conta informação prospetiva, de difícil tradução quantitativa, está na base do desenvolvimento dos modelos de avaliação do risco de crédito, o *rating*.

QUESTÃO 4.1

Na sua opinião, *scoring* e *rating* de risco de crédito são, no essencial, apenas designações diferentes para uma mesma técnica de análise? Justifique.

RESPOSTA 4.1

Não. O *scoring* é uma técnica de pontuação de risco, mecânica, baseada em dados históricos de natureza quantitativa. Tem aplicação sobretudo em situações de crédito padronizadas em que a uniformidade de avaliação é fundamental. Pelo contrário, o *rating* é uma avaliação da capacidade do devedor em cumprir tempestivamente com o serviço de dívida futuro, baseada na perceção que o analista tem sobre a evolução da empresa. Na formulação da sua opinião, o analista pode usar o *scoring* como mais um elemento informativo, mas recorrerá necessariamente a elementos qualitativos de avaliação subjetiva, em que o conhecimento da empresa e dos *stakeholders* é fundamental. Naturalmente, o esforço envolvido reserva estas análises para as operações de crédito pontuais e de elevado montante.

QUESTÃO 4.2

Considere as seguintes informações relativas a uma empresa:
- PCO (*ponto crítico operacional*): 1,125 u.m.
- GAO (*grau de alavanca operacional*): 4
- ROV (*rendibilidade operacional de vendas*): 10%

Pretende-se:

Reconstitua a demonstração de resultados (esquemática) e descreva medidas que, para o nível atual de gastos operacionais totais, permitam reduzir o risco operacional.

RESPOSTA 4.2

Para avaliação do risco de negócio, mais concretamente do risco operacional, tipicamente são utilizados três indicadores:

PCO = GOF / (MC/VN), para medir o nível de atividade necessário à cobertura da totalidade dos gastos operacionais;

MSO = (VN – PCO)/VN = 1 – GOF/MB, para medir a quebra no nível de atividade que conduz ao limiar do ponto critico

GAO = MC/RO, para medir a sensibilidade do resultado operacional às variações do nível de atividade.

Como é usual, GOF significa gastos operacionais fixos (gastos de estrutura), MC significa margem contribuição (excedente do nível de atividade face aos gastos operacionais variáveis, GOV), RO significa resultado operacional.

Repare-se que, para manter a coerência entre os indicadores, é usual fazer corresponder VN ao nível de atividade (PRO) dado pelo somatório dos rendimentos operacionais.

Com base na definição de MSO e na de GAO, sabe-se que MSO = 1/GAO = 1 / 4 =0.25. Assim, 0.25 = (VN – 1,125.00)/ VN pelo que VN = 1,500.00. Como ROV = RO /VN = 10%, temos RO = 150.00. Como GAO = MC/ /RO = 4, temos MC = 600.00. De MC = VN – GOV e de RO = MC – GOF é imediato obter os elementos em falta que permitem reconstituir a DR esquemática seguinte:

Rubrica	Valor (u.m.)
Volume de Negócios	1,500
Gastos Operacionais Variáveis	900
Margem Contribuição	600
Gastos Operacionais Fixos	450
Resultado Operacional	150

4. O RISCO E AS ALAVANCAS OPERACIONAL E FINANCEIRA

A redução do risco operacional consegue-se flexibilizando a estrutura de gastos operacionais. Ou seja, procurando de forma sistemática reduzir o peso dos gastos operacionais fixos por contrapartida do aumento do peso dos gastos operacionais variáveis. Por exemplo, a insistência em remunerações variáveis indexadas ao volume de negócios em alternativa a salários fixos, ou a subcontratação em volume de etapas do processo produtivo em alternativa a internalização (por exemplo o transporte) podem ter o efeito pretendido.

QUESTÃO 4.3

Considere as seguintes informações relativas a uma empresa:

- Resultado Residual: 204.00 u.m.
- Taxa de imposto sobre o rendimento (t = ISR/RAI): 20%
- Resultado líquido do período: 380.00 u.m.
- Capital próprio inicial (E_{ip}): 1,100.00 u.m.
- Autonomia financeira inicial (E_{ip}/CI_{ip}): 40%
- Custo do capital alheio inicial (kd): 10%
- Gastos operacionais fixos (GOF): 360.00 u.m.
- Inexistência de resultados extraordinários

Calcule e interprete o grau de alavanca operacional (GAO = MC/EBIT) e o grau de alavanca financeira (GAF = EBIT/RAI), no fim do exercício económico.

RESPOSTA 4.3

Usando o indicador $AF_{ip} = E_{ip}/ CI_{ip} = 40\%$ e sabendo que o capital próprio (E_{ip}) ascende a 1,100.00 u.m., facilmente obtemos o valor de CI_{ip} (capitais investidos iniciais), 2,750.00 u.m. Sabendo que $CI_{ip} = DF_{ip} + E_{ip}$, onde DF representa dívida financeira, facilmente reconstruímos o balanço inicial esquemático da empresa: CI_{ip} = 2,750.00 u.m., E_{ip} = 1,100.00 u.m. e DF_{ip} = 1,650.00 u.m.

Sabendo que $RR = RL - Ke * E_{ip}$, obtemos Ke = 16%.

Sabendo que $RR = EBIT^*(1-t) - Km^*CI_{ip}$, e que $Km = DF_{ip}/$ $/(DF_{ip}+E_{ip})^*Kd^*(1-t) + E_{ip}/(DF_{ip}+E_{ip})^*Ke$, valor inicial, que se mantém, obtemos primeiro que $Km = 11.20\%$ e em seguida $EBIT = 640.00$ u.m.

Estão agora reunidas condições para completar a demonstração de resultados esquemática, como segue:

Rubrica	Valor (u.m.)	Observações
MC	1,000.00	Margem Contribuição. MC-GOF = RO
GOF	360.00	Gastos Operacionais Fixos. Enunciado
RO	640.00	Resultados Operacionais. Ver valor do EBIT acima
EFL	165.00	Encargos Financeiros Líquidos. Obtido de Kd^*DF_{ip}
RAI	475.00	Resultados Antes de Impostos. RAI = RO – EFL
ISR	95.00	Imposto sobre o Rendimento. RAI*t
RLP	380.00	Resultado Líquido do Período. Enunciado.

Finalmente, calculamos:

$GAO = MC/EBIT = 1,000.00 / 640.00 = 1.563$. O GAO mede a sensibilidade do resultado operacional às variações do nível de atividade. Constitui uma medida do peso dos gastos operacionais fixos na estrutura de gastos medindo o risco operacional através do efeito de ampliação das flutuações do nível de atividade que a existência de gastos de estrutura provoca.

$GAF = EBIT/RAI = 640.00 / 475.00 = 1.347$. O GAF mede a sensibilidade do resultado líquido corrente (isto é, do resultado liquido do período expurgado do efeito de eventuais resultados extraordinários) às variações do resultado operacional. A exemplo do GAO, também neste caso a existência de encargos financeiros considerados fixos (porque dependem de uma dada estrutura de financiamento) provoca um efeito de ampliação das flutuações do resultado entre o patamar operacional e o patamar global, ou seja risco financeiro.

QUESTÃO 4.4

Considere as seguintes informações relativas a uma empresa:

Margem contribuição (em percentagem das vendas)	MC %	MC/VN %	25%
Resultado operacional	RO	Euros	4,500.00
Rendibilidade operacional de vendas	ROV	RO/VN %	10%

Com base na informação disponível, construa a demonstração dos resultados e comente os resultados que obteve para os indicadores de risco operacional, *grau de alavanca operacional* (GAO), *ponto crítico operacional* (PCO) e *margem de segurança operacional* (MSO).

RESPOSTA 4.4

Com base no valor do RO e da ROV, calculamos VN = 45,000.00. Com base em MC% sabemos que MC = 11,250.00. Para reconstruir a demonstração dos resultados (reconstrução possível com os dados disponíveis) basta recordar que VN – GOV = MC e que MC – GOF = RO, onde GOV e GOF significam gastos operacionais variáveis e gastos operacionais fixos, respetivamente. Assim (valores em euros),

Demonstração de Resultados Esquemática	Ano N
Vendas	45,000.00
Gastos Operacionais Variáveis	33,750.00
Margem contribuição	11,250.00
Gastos Operacionais Fixos	6,750.00
Resultados Operacionais	4,500.00

O cálculo dos indicadores de risco operacional consta do quadro seguinte:

Indicador	Fórmula	Valor
Grau de Alavanca Operacional	MC/RO	2.50
Ponto Crítico Operacional (euros)	GOF/MC%	27,000.00
Margem de Segurança Operacional	1-GOF/MC	0.40

Esta empresa necessita vender 27,000.00 euros (PCO) para suportar a totalidade dos gastos operacionais. Tendo em consideração as condições de mercado, verifica-se que o nível de atividade atual pode reduzir-se em 40% (MSO) até atingir o limiar do ponto crítico. Por fim, pequenas variações do nível de atividade têm um impacto 2.5 (GAO) vezes superior no resultado operacional.

QUESTÃO 4.5

Considere as seguintes informações relativas ao exercício N de duas empresas, A e B, que atuam no mesmo setor de atividade e não distribuem dividendos. Por simplificação ignore o IVA.

Demonstração dos resultados esquemática (euros)	A	B
Volume de negócios	1,650,000.00	1,860,000.00
Outros rendimentos operacionais	30,000.00	35,000.00
Custo das mercadorias vendidas	1,072,000.00	1,302,000.00
Gastos com o pessoal	280,000.00	320,125.00
Depreciações e amortizações	56,000.00	56,000.00
Outros gastos operacionais fixos	215,000.00	180,000.00
Resultados operacionais	57,000.00	36,875.00
Encargos financeiros líquidos	12,000.00	12,000.00
Resultados antes de impostos	45,000.00	24,875.00
Imposto sobre o rendimento	13,500.00	4,975.00
Resultado líquido do período	31,500.00	19,900.00

Pretende-se:

Em sua opinião, qual a empresa que se encontra em melhor situação, em termos de risco operacional, para aproveitar o crescimento do nível de atividade? Justifique.

RESPOSTA 4.5

Sabe-se que o indicador de risco operacional GAO = MC/RO, mede a sensibilidade do RO às variações do nível de atividade (GAO = Δ%RO / / Δ%PRO). Este resultado está na base da utilização do GAO para efetuar previsões do impacto das variações do nível de atividade sobre os resultados operacionais, na imediação dos valores atuais. Estando certos de que o nível de atividade vai aumentar, o maior impacto positivo sobre o resultado é alcançado na empresa com maior GAO, isto é, com maior risco operacional medido (recorde-se que o inverso também é verdade).

No quadro faz-se o apuramento do GAO.

Indicador	Calculo	A	B	Obs.
Margem Contribuição (euros)	MC = PRO – GOV	608,000.00	593,000.00	(1),(2)
Grau de Alavanca Operacional	GAO = MC / RO	10.67	16.08	
Ponto Crítico operacional (euros)	PCO = GOF/ MB%	1,522,500.00	1,777,161.68	(3),(4)
Margem de Segurança Operacional	MSO = 1- GOF/MB	0.09	0.06	
Obs. (1) PRO = Volume de negócios + Outros rendimentos operacionais (2) GOV = Custo das mercadorias vendidas (3) GOF = Gastos com o pessoal + Depreciações e amortizações + Outros gastos operacionais fixos (4) MC% = MC/PRO				

A resposta é simples. A empresa B tem maior risco operacional (GAO_B = 16,08) do que a empresa A (GAO_A = 10.67) pelo que está em melhor situação de risco operacional para beneficiar do aumento do nível de atividade (o impacto estimado de um aumento percentual igual do nível de atividade sobre o resultado operacional é maior na empresa B).

Naturalmente a MSO (que é também o inverso do GAO, isto é MSO = 1/GAO) permite conclusão semelhante (menor MSO em B) o que, neste exemplo, também acontece quando se observa o PCO (maior PCO em B).

QUESTÃO 4.6

Considere as seguintes informações referentes a atividade de uma dada empresa em dois exercícios consecutivos, N e N-1 (valores em euros).

EXERCÍCIOS DE ANÁLISE FINANCEIRA

Informações	Ano N	Ano N-1
Vendas	1,250,000.00	1,100,000.00
Gastos operacionais variáveis	875,000.00	770,000.00
Gastos operacionais fixos	250,000.00	250,000.00
Resultados operacionais	125,000.00	80,000.00
Encargos financeiros líquidos	50,000.00	30,000.00
Resultados antes de impostos	75,000.00	50,000.00
Impostos sobre o rendimento	22,500.00	12,500.00
Resultados líquidos do período	52,500.00	37,500.00
Ativo (económico)	833,000.00	733,000.00
Capitais Próprios	333,000.00	333,000.00
Capital alheio (financeiro)	500,000.00	400,000.00

Utilizando um modelo apropriado analise a evolução da rendibilidade dos capitais próprios e, com base nos indicadores PCO, MSO e GAO, analise a evolução do risco operacional.

RESPOSTA 4.6

Para este capítulo apenas releva a segunda parte da questão. O quadro seguinte demonstra o cálculo dos indicadores relevantes:

Indicador	Calculo	N	N-1	Obs.
Margem Contribuição (euros)	MC = VND – GOV	375,000.00	330,000.00	(1)
Ponto Crítico Operacional (euros)	PCO = GOF/ MC%	833,333.33	833,333.33	(2)
Margem de Segurança Operacional	MSO = 1- GOF/MC	0.33	0.24	(3)
Grau de Alavanca Operacional	GAO = MC / RO	3.00	4.13	(4)

Obs.
(1) VND, vendas; GOV, gastos operacionais variáveis
(2) GOF, gastos operacionais fixos; MC% = MC / VND
(3) GOF, gastos operacionais fixos
(4) RO, resultados operacionais

O ponto crítico operacional manteve-se constante, em consequência da não alteração do montante de gastos operacionais fixos e da não alteração do peso dos gastos operacionais variáveis no volume de vendas.

Dado que se observou um aumento de vendas e o ponto crítico operacional se manteve constante, a margem de segurança experimentou um aumento de 24% (em N-1) para 33% (em N). Ou seja, em N, a quebra de vendas que conduz ao limiar do ponto crítico é maior. Este é um exemplo da diluição dos gastos fixos que conduz a uma redução do risco operacional, como se pode igualmente observar na redução do GAO de 4.13 (em N-1) para 3.00 (em N).

QUESTÃO 4.7

Defina risco do negócio e indique medidas a implementar na empresa para o reduzir.

RESPOSTA 4.7

O risco de negócio está associado à gestão da exploração empresa, sem considerar o endividamento. Pode ser entendido como a incerteza quantificada inerente à projeção do resultado antes de juros e impostos (EBIT) ou resultado operacional. A volatilidade do resultado operacional pode ter várias origens. Desde logo, a volatilidade da procura (preço e quantidade). Segundo, a variabilidade do custo dos fatores de produção e a capacidade da empresa para repercutir as alterações de custo em alterações de preço de venda. Terceiro, internamente, o risco de negócio é também influenciado pela estrutura de gastos operacionais, ou risco operacional. Para um dado montante de gastos operacionais totais, quanto maior o peso dos gastos operacionais fixos, maior o impacto das oscilações do nível de atividade no resultado operacional.

Para minimizar o risco de negócio, a empresa tem à sua disposição alguns instrumentos. A política de *marketing*, designadamente as promoções e política de comunicação, a negociação com clientes e fornecedores e a utilização de instrumentos derivados podem ser úteis na minimização da volatilidade da procura e do custo dos fatores. Por outro lado, a flexibilização da estrutura operacional, privilegiando gastos operacionais variáveis em detrimento de gastos operacionais fixos, pode contribuir para uma significativa redução do risco operacional.

QUESTÃO 4.8

Defina e interprete os indicadores GAO (grau de alavanca operacional) e GAF (grau de alavanca financeira).

RESPOSTA 4.8

O indicador GAO mede a sensibilidade do resultado operacional às variações do nível de atividade (elasticidade do RO em relação à PRO) e calcula-se da seguinte forma:

$$GAO = D\%RO/D\%PRO = [(D(MC\text{-}GOF)/RO]/[DMC/MC] = MC/RO$$

Onde D significa variação e as restantes siglas têm o significado habitual. Recorde-se que por definição de gastos variáveis, D%PRO = D%MC.

O GAO mede o risco operacional e interpreta-se em valor absoluto. Isto é, quanto maior |GAO| maior o risco operacional. Aliás, o GAO pode também ser utilizado para prever o impacto no RO das pequenas oscilações da PRO (D%RO = D%PRO * GAO), mantendo-se a estrutura de gastos atual.

O Grau de Alavanca Financeira (GAF) mede a sensibilidade do resultado liquido corrente às variações do resultado operacional (elasticidade do RLC em relação ao RO) e calcula-se da seguinte forma:

$$GAF = D\%RLC/D\%RO = [(D(RO\text{-}EFL)*(1\text{-}t)/(RO\text{-}EFL)*(1\text{-}t)]/[DRO/RO] = RO/RCO$$

Onde RLC corresponde ao resultado líquido do período expurgado do efeito dos resultados não correntes líquidos de impostos (RLC = RCO * (1-t)), D significa variação e as restantes siglas têm o significado habitual.

O GAF mede o riso financeiro e interpreta-se em valor absoluto. Ou seja, quanto maior |GAF| maior o risco financeiro.

O que está em causa em ambos? O impacto dos gastos estruturais (fixos). No caso do GAO, é o impacto da estrutura operativa, medida pelo peso dos gastos operacionais fixos. No caso do GAF é o impacto da estrutura de financiamento, medida pelo peso dos encargos financeiros (assumidos fixos).

5. Introdução à avaliação de projetos de investimento

Investir significa aplicar fundos no presente tendo em vista a obtenção de benefícios financeiros futuros que recuperem e remunerem a aplicação efetuada. Ora, sendo o capital um recurso escasso com múltiplas aplicações alternativas, importa averiguar em que medida o desembolso presente é compensado pelos benefícios que se espera vir a obter no futuro.

Os exercícios deste capítulo exemplificam a aplicação de técnicas tradicionais que orientam a tomada de decisão de investimento. O princípio é simples. No presente é aplicado um dado capital (meios monetários, portanto). No futuro, o projeto vai libertando meios financeiros (excedentes entre entradas e saídas de meios monetários). Quando o valor nominal do somatório dos benefícios futuros excede o montante investido, o investimento está recuperado (em valor nominal). Mas terá o projeto capacidade de remunerar adequadamente o investimento? Isso depende obviamente da capacidade do projeto em libertar *cash flows* e de assegurar a remuneração mínima exigida pelos promotores. Apenas se assim acontecer, deve o projeto ser implementado e porque é gerador de riqueza.

Como se percebe, a avaliação da viabilidade dos projetos de investimento assenta em previsões. A correta fundamentação das mesmas, com o máximo de informação que é possível recolher, permite minimizar os desvios entre as previsões e a sua concretização, penalizadores do sucesso do empreendimento. Aliás, este juízo crítico sobre a qualidade das previsões efetuadas revela-se determinante na apreciação de qualquer projeto. Como será evidente pelos exercícios propostos, a mecânica dos números facilmente proporciona projetos (aparentemente) viáveis, mas

EXERCÍCIOS DE ANÁLISE FINANCEIRA

incapazes de resistir a mínima correção do excessivo otimismo subjacente às previsões efetuadas!

A justificar as projeções financeiras que sustentam a avaliação da viabilidade do projeto está um plano de negócios, ou seja um documento que descreve um negócio, justifica os objetivos a atingir e especifica como os mesmos serão alcançados, geralmente num horizonte temporal de 3 a 5 anos. Três planos encontram aqui enquadramento. Desde logo o plano de investimento, isto é a descrição e quantificação dos ativos fixos a adquirir e das aplicações no ciclo de exploração (necessidades em fundo de maneio). Depois, não menos importante, o plano de exploração, quantificando os rendimentos previstos (tipicamente as vendas e prestações de serviços) e os gastos (em custos de mercadorias vendidas e matérias consumidas, fornecimentos e serviços externos, gastos com o pessoal, entre outros) em que é necessário incorrer para os obter. Por último, o plano de financiamento, identificando as fontes de financiamento (próprias ou alheias) a utilizar e o respetivo custo.

A etapa seguinte envolve normalmente a elaboração de uma folha de cálculo para efeito de avaliação da viabilidade do projeto. Nesta, os diferentes mapas principais e auxiliares estão devidamente relacionados de forma a facilitar os cálculos em caso de revisão das projeções efetuadas.

Calculados e interpretados os indicadores de viabilidade, importa reforçar a confiança nas previsões efetuando uma análise de risco. Por exemplo, entre os métodos tradicionais temos a análise de sensibilidade e a análise de cenários. A análise de sensibilidade consiste em recalcular os indicadores de avaliação para diferentes valores de uma variável crítica do projeto, tipicamente o volume de negócios, mas também outras para as quais exista maior incerteza nas projeções ou com maior impacto na estrutura de gastos. Por outro lado, a análise de sensibilidade também pode ser utilizada para determinar as variáveis críticas, quando estas não são conhecidas à priori. Após a determinação das variáveis críticas, para avaliação do risco, é então necessário ter em conta o impacto e a probabilidade de ocorrência de variações nas mesmas. Em alternativa ou complementarmente à análise de sensibilidade, pode optar-se por uma análise de cenários. Neste caso, toma-se o cenário base como o mais provável e testa-se o projeto num cenário otimista e num cenário pessimista. Na construção destes cenários, alteram-se simultaneamente diferentes variáveis para uma situação mais favorável no caso otimista e menos favorável no caso do cenário pessimista.

QUESTÃO 5.1

Explicite a aplicação da ótica incremental na determinação dos *cash flows* de um projeto de investimento.

RESPOSTA 5.1

De acordo com a ótica incremental apenas os *cash flows* resultantes da decisão de investir são relevantes para avaliação da viabilidade do projeto. Assim, devem ser ignorados os gastos prévios à decisão de investir (*sunk costs*), e devem ser considerados os custos de oportunidade (custo por afetar ao projeto recursos existentes prescindindo da sua melhor utilização alternativa) e os efeitos derivados positivos ou negativos (efeitos sobre os *cash flows* das demais atividades da empresa resultantes do projeto a implementar).

QUESTÃO 5.2

Considere as seguintes informações relativas a um projeto de investimento em ativos fixos tangíveis, a realizar no momento 0 e com a duração de 4 anos.

- Os valores referentes às aquisições de ativos fixos, ao fundo de maneio necessário e aos resultados antes de depreciações, gastos de financiamento e impostos (EBITDA), constam do quadro seguinte (valores em euros):

	Ano 0	Ano 1	Ano 2	Ano 3	Ano 4
Investimento em ativos fixos	80,000.00				
Fundo de maneio necessário		3,500.00	4,500.00	5,000.00	5,000.00
EBITDA		29,000.00	32,000.00	33,000.00	33,000.00

- A quota anual de depreciação ascende a 20,000 euros.
- No final do ano 4, o valor de liquidação total estimado é de 7,500.00 euros, líquido de impostos.

EXERCÍCIOS DE ANÁLISE FINANCEIRA

- O projeto será financiado totalmente por capitais próprios. Os promotores exigem uma remuneração mínima de 18%.

- O projeto insere-se numa empresa lucrativa e que suporta impostos sobre o rendimento à taxa 25%.

Defina e calcule o valor do período de recuperação (*payback*) em meses e o valor do VAL e interprete os resultados obtidos.

RESPOSTA 5.2

O enunciado descreve uma situação de investimento relativamente simples. Um ativo fixo (e.g., uma máquina) no valor de 80,000.00 euros (incluindo todas as despesas necessárias à sua entrada em funcionamento) vai ser realizado no ano 0 e gerar os efeitos diferenciais previstos explicitamente no quadro para os anos 1 a 4. Sabemos também que no final do último ano de previsões explícitas, o projeto gera um *cash flow* terminal de 7,500.00 euros.

O financiamento vai ser assegurado por capitais próprios e a rendibilidade mínima exigida pelos promotores é de 18%, ou seja, $k_u = 18\%$. Como o capital pode ser considerado um recurso escasso, é normal que os promotores estejam a usar a rendibilidade da melhor aplicação alternativa (para o mesmo nível de risco) a que deixaram de poder recorrer para fixarem a rendibilidade mínima a exigir do projeto, definindo desta forma o custo do capital do projeto.

O mapa de *cash flows* do projeto constitui a peça essencial para a avaliação da viabilidade económica do mesmo (valores em euros).

5. INTRODUÇÃO À AVALIAÇÃO DE PROJETOS DE INVESTIMENTO

		0	1	2	3	4
INVAF	(-)	80,000.00				
INVFMN	(-)		3,500.00	1,000.00	500.00	0.00
EBIT*(1-t)	(+)		6,750.00	9,000.00	9,750.00	9,750.00
DA	(+)		20,000.00	20,000.00	20,000.00	20,000.00
VT	(+)					7,500.00
CF	(=)	-80,000.00	23,250.00	28,000.00	29,250.00	37,250.00
AccCF		-80,000.00	-56,750.00	-28,750.00	500.00	37,750.00

Obs.
INVAF representa despesas em ativos fixos, EBIT(1-t) o resultado antes de juros e impostos líquido de imposto sobre o rendimento, INVFMN é o investimento em fundo de maneio necessário, DA as depreciações e amortizações de ativos fixos, VT o valor terminal do projeto e CF o *cash flow*.

Este mapa permite calcular, na perspetiva do projeto, os fluxos financeiros diferenciais associados ao mesmo. Na linha INVAF temos o conjunto de despesas relativas aos meios de produção necessários ao arranque da atividade. Nesta linha vamos também considerar eventuais investimentos complementares, quando o plano de investimento assim o exigir e no ano em que ocorrem. Na linha EBIT*(1-t) figuram os resultados operacionais líquidos de impostos resultantes da implementação do projeto (recorde-se que EBIT = EBITDA – DA). A linha INVFMN indica o valor associado aos investimentos anuais em fundo de maneio necessário ($INVFMN_n = FMN_n - FMN_{n-1}$) e destina-se a corrigir a temporalidade do fluxo económico traduzido na linha EBIT*(1-t). A linha DA corrige o EBIT do efeito das depreciações dado representarem um gasto que não traduz pagamentos. VT é o valor terminal do projeto (líquido de impostos), ou seja o valor do *cash flow* total associado ao fim do último ano de previsões explícitas e CF o *cash flow* do projeto é calculado fazendo a soma algébrica das linhas anteriores respeitando o sinal constante da coluna 2.

O *Payback* (sem atualização) mede o tempo que demora a recuperar o investimento inicial. Funciona como um indicador da liquidez do projeto e é particularmente útil para auxiliar a tomada de decisão em situações recorrentes e de reduzido montante, para as quais o gestor dispõe de um *payback* referencial em que se baseia.

No mapa seguinte, AccCF representa o *cash flow* acumulado, ou seja $AccCF_n = AccCF_{n-1} + CF_n$

		0	1	2	3	4
CF	(=)	-80,000.00	23,250.00	28,000.00	29,250.00	37,250.00
AccCF		-80,000.00	-56,750.00	-28,750.00	500.00	37,750.00

Como se pode observar, o ano 3 é primeiro ano de *cash flow* acumulado positivo. Isso significa que a recuperação do investimento necessita de 2 anos e de alguns meses do terceiro ano, em valor nominal. Para cálculo do número de meses, vamos assumir que um ritmo mensal de libertação de *cash flow* constante no ano 3 e fazer um interpolação linear (em meses):

Meses em falta = (*cash flow* que falta recuperar) / (*cash flow* mensal primeiro ano AccCF positivo).
Em números, meses em falta = 28,750.00 / (29,250.00/12) = 11.8 meses.
Portanto, o *payback* (sem atualização) do projeto em análise é de 2 anos e 11.8 meses.

O VAL, valor atual líquido, mede a riqueza criada pelo projeto. Em termos financeiros, um projeto gera riqueza quando a soma dos *cash flows* atualizados para o momento inicial é positiva. Note-se que a comparação de *cash flows* só é possível quando reportados ao mesmo momento, daí a utilização do mecanismo da atualização. Mais, a taxa de juro a utilizar deve refletir o retorno que o promotor deixa de obter na melhor aplicação alternativa (custo do capital).
No mapa seguinte, $PVCF@k_u$ representa o *cash flow* atualizado para o momento 0 à taxa k_u, e é calculado usando a fórmula $PVCF_n@k_u = CF_n / (1+k_u)^n$.

		0	1	2	3	4
CF	(=)	-80,000.00	23,250.00	28,000.00	29,250.00	37,250.00
$PVCF@k_u$		-80,000.00	19,703.39	20,109.16	17,802.45	19,213.14

A soma dos valores constantes da linha $PVCF@k_u$ mede o $VAL(@k_u)$ do projeto, neste caso $VAL(@18\%) = -3,171.86$.

5. INTRODUÇÃO À AVALIAÇÃO DE PROJETOS DE INVESTIMENTO

Como vimos antes o projeto recupera o investimento, em valor nominal. No entanto não consegue remunerar os capitais investidos à taxa mínima requerida pelos investidores, como se pode observar pelo VAL negativo. Deve por isso ser rejeitado. Os investidores estão a aplicar um recurso escasso (o seu capital) num projeto que não vai proporcionar a rentabilidade que deixaram de obter na melhor aplicação alternativa para o mesmo nível de risco, estão por isso a destruir riqueza.

Uma nota adicional. Uma das limitações do *payback* (sem atualização) refere-se à não consideração do valor temporal do dinheiro dado que no respetivo cálculo são somados valores nominais de *cash flows* que ocorrem em momentos diferentes do tempo. Ora, esta limitação pode facilmente ser ultrapassada calculando o *payback* (com atualização), permitindo medir o tempo de recuperação do investimento a partir dos valores acumulados do *cash flows* atualizados. Obviamente, é preciso definir uma taxa de atualização que, neste contexto, corresponde ao custo do capital definido antes.

No mapa seguinte, PVCF@k_u representa o *cash flow* atualizado para o momento 0 à taxa k_u, e AccPVCF@k_u representa o valor acumulado dos *cash flows* e calcula-se através de AccPVCF@Ku (n) = AccPVCF@Ku (n-1) + PVCF@k_u (n),

		0	1	2	3	4
CF	(=)	-80,000.00	23,250.00	28,000.00	29,250.00	37,250.00
PVCF@k_u		-80,000.00	19,703.39	20,109.16	17,802.45	19,213.14
AccPVCF@K_u		-80,000.00	-60,296.61	-40,187.45	-22,385.00	-3,171.86

Como se pode observar na linha do *cash flow* atualizado acumulado (AccPVCF@K_u), não ocorre uma mudança de sinal de negativo para positivo, pelo que concluímos pela impossibilidade de recuperação do investimento, à taxa de remuneração mínima pretendida.

QUESTÃO 5.3

Considere as seguintes informações relativas a um projeto de investimento em ativos fixos tangíveis, a iniciar no momento 0 e com a duração de 3 anos.

EXERCÍCIOS DE ANÁLISE FINANCEIRA

- Os valores referentes às aquisições de ativos fixos, ao fundo de maneio necessário, ao resultado operacional previsional e às depreciações, constam do quadro seguinte (valores em euros):

	Ano 0	Ano 1	Ano 2	Ano 3
Investimento em ativos fixos	90,000.00			
Fundo de maneio necessário		2,500.00	3,500.00	4,000.00
Resultados operacionais		15,000.00	18,000.00	20,000.00
Depreciações anuais		25,000.00	25,000.00	25,000.00

- No final do ano 3, o valor de liquidação total estimado é de 20,000.00 euros, líquido de impostos.
- O projeto será financiado por capitais próprios (40%) e por um financiamento bancário (60%). Os promotores exigem uma remuneração mínima de 20% (caso o projeto fosse integralmente financiado por capitais próprios) ou de 29% (considerando a estrutura de financiamento adotada). O banco exige uma taxa de juro de 12% para a operação em causa, considerando o pagamento anual de juros e o reembolso do capital na totalidade no final do ano 3.
- O projeto insere-se numa empresa lucrativa e que suporta impostos sobre o rendimento à taxa 25%.

Construa o mapa de *cash flows* do projeto, calcule o VALA (*valor atual líquido ajustado*) e interprete o resultado obtido.

RESPOSTA 5.3

Este exercício ilustra a análise da viabilidade económica de um projeto financiado simultaneamente por capitais próprios e por capitais alheios (créditos), usando para o efeito o método do VALA (*valor atual líquido ajustado*).

Na primeira fase começamos por calcular o VAL do projeto no pressuposto de financiamento integral em capitais próprios.

O mapa seguinte ilustra o cálculo dos *cash flows* do projeto (valores em euros):

5. INTRODUÇÃO À AVALIAÇÃO DE PROJETOS DE INVESTIMENTO

		0	1	2	3
INVAF	(-)	90,000.00			
INVFMN	(-)		2,500.00	1,000.00	500.00
EBIT*(1-t)	(+)		11,250.00	13,500.00	15,000.00
DA	(+)		25,000.00	25,000.00	25,000.00
VT	(+)				20,000.00
CF	(=)	-90,000.00	33,750.00	37,500.00	59,500.00

Obs.
INVAF representa despesas em ativos fixos, EBIT(1-t) é o resultado antes de juros e impostos líquido de imposto sobre o rendimento, INVFMN é o investimento em fundo de maneio necessário, DA as depreciações e amortizações de ativos fixos, VT o valor terminal do projeto e CF o *cash flow*.

Considerando a hipótese de financiamento integral em capitais próprios, a remuneração mínima exigida pelos promotores (o custo do capital próprio sem endividamento, k_u) é de 20%. No mapa seguinte, PVCF@k_u representa o *cash flow* atualizado para o momento 0 à taxa k_u, e é calculado usando a fórmula $PVCF_n@k_u = CF_n / (1+k_u)^n$.

		0	1	2	3
CF	(=)	-90,000.00	33,750.00	37,500.00	59,500.00
PVCF@k_u		-90,000.00	28,125.00	26,041.67	34,432.87

A soma dos valores constantes da linha PVCF@k_u mede o VAL(@k_u) do projeto, neste caso VAL(@20%) = -1,400.46 euros.

Se o projeto fosse integralmente financiado por capitais próprios, não deveria ser aceite, porque não permite remunerar os promotores à taxa mínima exigida (apesar de em valor nominal recuperar o investimento inicial, como se pode observar pela soma dos valores constantes da linha CF). Mas não é esse o caso. O projeto é parcialmente financiado por capitais alheios, com um custo k_d = 12% pelo que importa adicionar ao VAL(@k_u) do projeto o valor dos efeitos da decisão de financiamento (os benefícios fiscais), designado VALF(@k_d), valor atual líquido da fonte de financiamento.

Na segunda fase de aplicação do método VALA, calculamos o VALF(@k_d).

O financiamento bancário ascende a 54,000.00 euros (ou seja 60% do investimento inicial). O reembolso é feito na totalidade no fim do prazo pelos que os juros anuais pagos ao banco ascendem a 6,480.00 euros (ou seja, 12% * 54,000.00, onde k_d é a taxa de juro do empréstimo). Na verdade, como os juros são considerados custos para efeitos fiscais, vai existir uma poupança anual de imposto sobre o rendimento correspondente a 1,620.00 euros por se recorrer a esta fonte de financiamento.

O mapa seguinte ilustra o cálculo do *cash flow* do financiamento CFF (valores em euros).

		0	1	2	3
Capital	(+)	54,000.00			
Juros*(1-t)	(-)		4,860.00	4,860.00	4,860.00
Reembolso	(-)				54,000.00
CFF	(=)	54,000.00	-4,860.00	-4,860.00	-58,860.00

No mapa seguinte, PVCFF@k_d representa o *cash flow* do financiamento atualizado para o momento 0 à taxa k_d, e é calculado usando a fórmula $PVCFF_n@k_d = CFF_n / (1+k_d)^n$.

		0	1	2	3
CFF	(=)	54,000.00	-4,860.00	-4,860.00	-58,860.00
PVCFF@k_d		54,000.00	-4,339.29	-3,874.36	-41,895.39

A soma dos valores constantes da linha PVCFF@k_d mede o VALF(@k_d) do projeto, neste caso VALF(@12%) = 3,890.97.

Por fim, calculamos o VALA = VAL(@k_u) + VALF(@k_d).

Neste exemplo, VALA = -1,400.46 + 3,890.97 = + 2,490.50, pelo que o projeto deve ser implementado, considerando a hipótese de financiamento assumida e as taxas de remuneração mínimas exigidas.

QUESTÃO 5.4

Considere as seguintes informações relativas a um projeto de investimento em ativos fixos tangíveis, a iniciar no momento 0 e com a duração de 3 anos.

- Os valores referentes às aquisições de ativos fixos, às necessidades de fundo de maneio, ao resultado operacional previsional e às depreciações, constam do quadro seguinte (valores em euros):

	Ano 0	Ano 1	Ano 2	Ano 3
Aquisição de ativos fixos	90,000.00		20,000.00	
Necessidades de fundo de maneio		9,000.00	12,000.00	12,000.00
Resultado operacional		15,000.00	16,000.00	19,000.00
Depreciações		30,000.00	40,000.00	40,000.00

- No final do ano 3, o valor de liquidação total estimado é de 16,000.00 euros.
- O projeto será integralmente financiado em capitais próprios. Os promotores exigem uma remuneração de 17%.
- O projeto insere-se numa empresa lucrativa e que suporta impostos sobre o rendimento à taxa 30%.

Defina e calcule o valor do VAL e da TIR e interprete os resultados obtidos.

RESPOSTA 5.4

O quadro seguinte descreve o cálculo dos *cash flows* do projeto (valores em euros):

EXERCÍCIOS DE ANÁLISE FINANCEIRA

		0	1	2	3
INVAF	(-)	90,000.00		20,000.00	
INVFMN	(-)		9,000.00	3,000.00	0.00
EBIT*(1-t)	(+)		10,500.00	11,200.00	13,300.00
DA	(+)		30,000.00	40,000.00	40,000.00
VT	(+)				16,000.00
CF	(=)	-90,000.00	31,500.00	28,200.00	69,300.00

Obs.,
INVAF representa despesas em ativos fixos, EBIT*(1-t) é o resultado antes de juros e impostos líquido de imposto sobre o rendimento, INVFMN é o investimento em fundo de maneio necessário, DA as depreciações e amortizações de ativos fixos, VT o valor terminal do projeto e CF o *cash flow*.

O passo seguinte envolve o cálculo dos valores atuais dos *cash flows* no momento zero PVCF, utilizando o custo de capital na hipótese de financiamento integral por capitais próprios, K_u, como taxa de atualização e usando a fórmula $PVCF_n @ k_u = CF_n / (1+k_u)^n$:

		0	1	2	3
CF	(=)	-90,000.00	31,500.00	28,200.00	69,300.00
PVCF@k_u		-90,000.00	26,923.08	20,600.48	43,268.88

A soma dos valores constantes da linha PVCF@k_u mede o VAL(@k_u) do projeto, neste caso VAL(@17%) = + 792.44.

Por este critério, o projeto deve ser implementado. De acordo com as previsões, o investimento é recuperado e remunerado à taxa mínima pretendida, gerando ainda um excedente financeiro que, a valores do momento 0, ascende a 792 euros. Com este projeto, a riqueza dos promotores aumenta.

O passo seguinte envolve o cálculo da TIR (taxa interna de rendibilidade). Conceptualmente a TIR representa a taxa máxima de remuneração proporcionada pelo projeto. Calcula-se resolvendo em ordem a TIR a seguinte equação:

$$0 = \sum_{n=0}^{N} \frac{CF_n}{(1 + TIR)^n}$$

5. INTRODUÇÃO À AVALIAÇÃO DE PROJETOS DE INVESTIMENTO

Ou seja, trata-se de calcular a taxa à qual o valor atual líquido é zero. Com uma folha de cálculo basta usar as funções pré definidas para o efeito (por exemplo, no Excel, na versão em inglês, basta inserir a função IRR e selecionar nos argumentos todas as células que compõem a linha CF desde o momento 0 ao momento N). No entanto, aproveitando o facto de a relação não linear entre VAL e TIR ser monótona, é possível uma aproximação linear relativamente simples (por interpolação).

Para simplificar, designe-se o somatório anterior por V e TIR por i.

Por tentativas, encontre-se dois pares de valores tal que a i_1 corresponda $V_1>0$ e a $i_2>i_1$ corresponda $V_2<0$ (a relação entre i e V é convexa). O valor da TIR deve estar entre i_1 e i_2 dado que corresponde a um valor de V = 0.

Uma vez que para a interpolação linear se aproxima o valor da inclinação da curva no ponto TIR usando a inclinação da reta definida pelos pontos $(i_1,V_1>0)$ e $(i_2,V_2<0)$, apenas se consegue uma TIR aproximada (o erro de aproximação é menor quanto mais próximos estiverem i_1 e i_2).

Em suma, se a i_1 corresponder V_1 positivo e a i_2 corresponder V_2 negativo, então a TIR por aproximação é dada por:

$$TIR \ (aprox) = i_1 - (i_1-i_2)*(V_1-0)/(V_1-V_2)$$

Repare-se que TIR (aprox) terá de ser maior do que i_1, uma vez que $i_1 < i_2$ e $V_1 > V_2$.

Neste exemplo, seja $i_1 = 17\%$ e $i_2 = 18\%$. Então $V_1 = +792.48$ e $V_2 = -874.16$. A escolha destes valores para i_1 (e i_2) não é aleatória. A taxa i_1 corresponde ao custo capital utilizado anteriormente no calculo do VAL@k_0, pelo que V_1 já está disponível e é positivo. A taxa i_2 corresponde a um acréscimo de 1%, máximo para uma aproximação razoável (neste exercício foi suficiente para obter V_2 negativo). Então,

$$TIR \ (aprox)=0.17-(0.17-0.18)*(792.48-0)/[792.48-(-874.16)]=0.1748.$$
(a função IRR do Excel resulta numa TIR de 0.1747)

Dado que a TIR é superior à rendibilidade mínima exigida pelos promotores, o projeto deve ser implementado porque proporciona maior retorno do que a melhor aplicação alternativa à disposição dos promotores do projeto.

QUESTÃO 5.5

"No cálculo dos *cash flows* de um projeto financiado por capitais próprios e por capitais alheios, os encargos financeiros só são relevantes pela proteção fiscal que proporcionam". Comente a afirmação referindo, entre outros aspetos, duas alternativas para, no âmbito do critério valor atual liquido (VAL), ter em consideração o benefício fiscal proporcionado pelos encargos financeiros.

RESPOSTA 5.5

Quando o projeto também é financiado por capitais alheios, os encargos financeiros daí resultantes não são considerados no cálculo do *cash flow* (caso da técnica *free cash flow*) ou sendo-o (caso da técnica *cash flow global*) contribuem positivamente para o apuramento dos *cash flows* do projeto que apenas beneficia do respetivo efeito fiscal.

A não consideração dos encargos financeiros está relacionada com a ótica de avaliação na perspetiva do projeto (é relevante a totalidade do investimento e consideram-se os benefícios futuros totais, antes de considerar a forma de financiamento) e destina-se a evitar uma dupla penalização do projeto quando são utilizados métodos de avaliação (como o VAL) que têm em conta o valor do dinheiro no tempo.

No entanto, aos encargos financeiros está associada a proteção fiscal que a sua consideração como gasto relevante para efeitos fiscais proporciona. Como é que este benefício pode ser tido em conta? De uma de três formas: método do VALA – Valor Atual Líquido Ajustado, método do FCF – *Free Cash Flow*, ou método do CFG – *Cash Flow* Global.

De acordo com o método do VALA – Valor Atual Líquido Ajustado, somando ao VAL na hipótese de financiamento integral em capitais próprios o VALF ou seja o valor atual líquido da fonte de financiamento (ver questão 5.3).

De acordo com o método do FCF – *Free Cash Flow*, apurando os *cash flows* antes de encargos financeiros e atualizando-os ao custo médio ponderado do capital depois de imposto (wacc). Ou seja,

$$FCF_n = -INVAF_n - INVFMN_n + EBIT_n * (1\text{-}t) + DA_n + VT_N$$
$$wacc = w_e * k_e + w_d * k_d * (1\text{-}t)$$

$$VAL(@wacc) = \sum_{n=0}^{N} \frac{FCF_n}{(1 + wacc)^n}$$

Onde, INVAF representa despesas em ativos fixos, EBIT*(1-t) é o resultado antes de juros e impostos liquido de imposto sobre o rendimento, INVFMN é o investimento em fundo de maneio necessário, DA as depreciações e amortizações de ativos fixos, VT o valor terminal do projeto e CF o *cash flow*, w_e é o peso dos capitais próprios (C'P) no financiamento do projeto e w_d é o peso dos capitais alheios (DF) no financiamento do projeto, pelo que w_e = C'P / (C'P+DF) e w_d = DF / (C'P+DF). O custo dos capitais próprios, k_e, reflete o endividamento assumido, pelo que é diferente de k_u, o custo de capitais próprios na hipótese de ausência de endividamento. O custo do endividamento, k_d, corresponde ao custo efetivo anual antes de impostos dos financiamentos a utilizar.

O método FCF/wacc considera o benefício fiscal dos juros através do custo do capital.

De acordo com o método CFG – *Cash Flow* Global, os *cash flows* são apurados depois de consideradas as poupanças fiscais que os encargos financeiros proporcionam, ou seja apura-se o resultado líquido da empresa e soma-se a totalidade dos encargos financeiros e posteriormente atualizam-se a um custo médio ponderado do capital antes de impostos (cmc). Ou seja,

CFG_n = -$INVAF_n$ – $INVFMN_n$ + RL_n +EF_n + DA_n + VT_N
cmc = w_e*k_e + w_d*k_d

$$VAL(@cmc) = \sum_{n=0}^{N} \frac{CFG_n}{(1 + cmc)^n}$$

O método CFG/cmc considera o benefício fiscal dos juros no apuramento do *cash flow*.

Repare-se que no apuramento do CFG é possível ter em conta eventuais prejuízos fiscais transitados, que ponderam o benefício que os juros proporcionam num determinado ano.

EXERCÍCIOS DE ANÁLISE FINANCEIRA

QUESTÃO 5.6

Relativamente a um projeto de investimento a concretizar no ano 0, com início no ano 1 e duração de 5 anos, são conhecidas as seguintes informações:

- Investimento de € 90,000.00, integralmente suportado por capitais próprios. Os equipamentos serão amortizados à taxa de 20% e o seu valor residual será nulo.
- Os promotores exigem uma remuneração de 12% para disponibilizar o capital necessário.
- Conta de exploração previsional (valores em euros)

Rubricas	Ano 1	Ano 2	Ano 3	Ano 4	Ano 5
Vendas	37,800.00	38,400.00	41,112.00	45,600.00	49,800.00
CM Vendidas	1,890.00	1,920.00	2,052.00	2,280.00	2,490.00
FS Externos	9,450.00	9,600.00	10,278.00	11,400.00	12,450.00
OC Operacionais	460.00	880.00	1,782.00	1,720.00	1,060.00
Amortizações	18,000.00	18,000.00	18,000.00	18,000.00	18,000.00
R Operacionais	8,000.00	8,000.00	9,000.00	12,200.00	15,800.00

- A empresa paga imposto sobre o rendimento à taxa de 30%. Ignore o IVA.
- O prazo médio de recebimento é de 1 mês e o prazo médio de pagamento (compras e FSE) é de 2 meses. A duração média de inventários é nula.

Pretende-se: calcule o VAL do projeto e interprete o resultado obtido.

RESPOSTA 5.6

Nesta solução é proposta uma sequência de 6 etapas para a avaliação do projeto.

Etapa 1 – Informações

Nesta etapa trata-se de recolher a informação necessária à avaliação: plano de investimento, plano de financiamento e plano operacional (ver enunciado).

Etapa 2 – Conta de exploração

O mapa seguinte ilustra a construção da conta de exploração (com os dados disponíveis). Neste exercício, todos os elementos estão disponíveis. Ainda assim, fica uma nota de destaque para a importância da previsão de vendas (e de prestação de serviços) como elemento essencial para as restantes previsões. Amiúde, os gastos são estimados a partir de percentagens (do setor, da concorrência) calculadas sobre as vendas ou como requisitos técnicos necessários à satisfação de um dado volume de negócios.

Conta Exploração	0	1	2	3	4	5
VND		37,800.00	38,400.00	41,112.00	45,600.00	49,800.00
CMV		1,890.00	1,920.00	2,052.00	2,280.00	2,490.00
FSE		9,450.00	9,600.00	10,278.00	11,400.00	12,450.00
OGO		460.00	880.00	1,782.00	1,720.00	1,060.00
DA		18,000.00	18,000.00	18,000.00	18,000.00	18,000.00
EBIT		8,000.00	8,000.00	9,000.00	12,200.00	15,800.00

Obs.
VND é vendas, CMV é custo das mercadorias vendidas, FSE é fornecimentos e serviços externos, OGO é outros gastos operacionais, DA é depreciações e amortizações e EBIT é resultado antes de juros e impostos (resultado operacional)

Etapa 3 – Mapa do Fundo de Maneio Necessário

Usando a informação disponível sobre a DINV, o PMR, e o PMP, e as respetivas definições, procede-se ao cálculo da variação do investimento permanente na exploração não assegurado for financiamentos automáticos da mesma. Neste exercício foi ignorado o IVA, dado não existir referência ao mesmo no enunciado.

EXERCÍCIOS DE ANÁLISE FINANCEIRA

Mapa do FMN	0	1	2	3	4	5
INV		0	0	0	0	0
CLI		3,150.00	3,200.00	3,426.00	3,800.00	4,150.00
Necessidades cíclicas (NC)		3,150.00	3,200.00	3,426.00	3,800.00	4,150.00
FOR		1,890.00	1,920.00	2,055.00	2,280.00	2,490.00
Recursos cíclicos (RC)		1,890.00	1,920.00	2,055.00	2,280.00	2,490.00
FMN = NC – RC		1,260.00	1,280.00	1,371.00	1,520.00	1,660.00
InvFMN = FMN (n) – FMN (n-1)		1,260.00	20.00	91.00	149.00	140.00

Obs.
DINV = INV/CMV * 12 = 0
PMR = CLI / VND * 12 = 1
PMP = FOR / (CMP+FSE) * 12 = 2.
CMP = CMV + Ef – Ei. Note-se que como DINV = 0, Ef = Ei = 0. De forma geral, Ef (n) = INV (n)

Etapa 4 – Mapa de *cash flows* do projeto

Usando as informações anteriores, a construção do mapa de *cash flows* é imediata. Uma nota sobre o cálculo do valor terminal. Optou-se por assumir uma perspetiva de liquidação, inferindo o valor de liquidação do FMN pelo valor do FMN no último ano e considerando a informação do enunciado que atribui ao equipamento um valor residual nulo.

		0	1	2	3	4	5
INVAF	(-)	90,000.00					
INVFMN	(-)		1,260.00	20.00	91.00	149.00	140.00
EBIT*(1-t)	(+)		5,600.00	5,600.00	6,300.00	8,540.00	11,060.00
DA	(+)		18,000.00	18,000.00	18,000.00	18,000.00	18,000.00
VT	(+)						1,660.00
CF	(=)	-90,000.00	22,340.00	23,580.00	24,209.00	26,391.00	30,580.00

Obs.
INVAF representa despesas em ativos fixos, EBIT*(1-t) é o resultado antes de juros e impostos líquido de imposto sobre o rendimento, INVFMN é o investimento em fundo de maneio necessário, DA as depreciações e amortizações de ativos fixos, VT o valor terminal do projeto e CF o *cash flow*.

Etapa 5 – Custo do capital

O projeto é financiado integralmente por capitais próprios e os promotores exigem uma remuneração de 12%. Assim, $k_u = 12\%$.

Etapa 6 – Avaliação

No mapa seguinte, PVCF@k_u representa o *cash flow* atualizado para o momento 0 à taxa k_u, e é calculado usando a formula PVCF$_n$@k_u = CF$_n$ / / $(1+k_u)^n$.

		0	1	2	3	4	5
CF	(=)	-90,000.00	22,340.00	23,580.00	24,209.00	26,391.00	30,580.00
PVCF@k_u		-90,000.00	19,946.43	18,797.83	17,231.49	16,771.96	17,351.91

A soma dos valores constantes da linha PVCF@k_u mede o VAL(@k_u) do projeto, neste caso VAL(@12%) = + 99.62.

O valor positivo do VAL sugere que o projeto deva ser implementado porque recupera e remunera o investimento às taxas pretendidas, gerando ainda um excedente que a valores do ano 0 ascende a 99.62 euros. O reduzido valor deste excedente deve constituir um sinal de alerta relativo ao interesse financeiro da iniciativa.

QUESTÃO 5.7

Com base na expressão que permite o cálculo do *cash flow* do projeto de investimento, indique a razão de ser da inclusão de cada componente.

RESPOSTA 5.7

Vamos utilizar nesta resposta a definição tradicional de *cash flow* do projeto e que está na base das abordagens VALA e FCF/wacc (ver exercícios anteriores):

$$FCF_n = -INVAF_n - INVFMN_n + EBIT_n * (1-t) + DA_n + VT_N$$

O INVAF representa as despesas com a aquisição de ativos fixos, tangíveis ou intangíveis. Considera os gastos com os ativos em causa e todas as despesas necessárias à sua colocação em funcionamento (e.g., transporte,

EXERCÍCIOS DE ANÁLISE FINANCEIRA

montagem, formação profissional de trabalhadores). Tipicamente é um *cash outflow* que ocorre antes do arranque (entrada em funcionamento) do projeto. Pode também ocorrer em anos posteriores, se se tratarem de investimento complementares (e não apenas de mera renovação), ou seja, investimentos que fazem parte integrante da decisão de investimento atual.

EBIT*(1-t) representa o resultado operacional líquido de impostos. Corresponde ao excedente económico gerado pelo projeto em cada ano ao longo da vida útil do mesmo. Não é ainda um excedente financeiro atendendo ao regime de acréscimo usado no apuramento de rendimentos e gastos.

DA representa os gastos com depreciações e amortizações. Repare-se que se trata de gastos que não vão originar desembolsos futuros, mas a mera repartição pelos vários exercícios dos custos de investimento. Somam-se para dar cariz potencialmente financeiro ao EBIT, para que este constitua um indicador do contributo potencial da exploração para o *cash flow* (saldo entre rendimentos embolsáveis e gastos desembolsáveis).

INVFMN representa o investimento anual em necessidades de fundo de maneio. A sua inclusão permite corrigir a tempestividade dos fluxos económicos e obter um indicador de *cash flow*. Repare-se. Se as vendas não forem recebidas, o aumento do saldo de clientes traduz-se num acréscimo das necessidades em fundo de maneio (variação positiva FMN e portanto contributo positivo para INVFMN, desse ano). Então, pelo EBIT*(1-t)+DA temos um fluxo económico potencialmente positivo (resultado das vendas efetuadas) que é corrigido pelo INVFMN de forma representar o *cash flow* que efetivamente ocorreu no ano.

VT representa o valor do projeto no fim do último ano de previsões explícitas (as previsões explicitas fazem-se para o período de vida útil do projeto, ou num horizonte fixo (é frequente o horizonte de 5 anos). Sugerem-se duas abordagens para o cálculo de VT: (i) liquidação ou (ii) continuidade. Na perspetiva de continuidade, calcula-se o valor do projeto, no fim do último ano de previsões explícitas, através do somatório do valor atual dos *cash flows* libertados a partir desse ano. Na perspetiva de liquidação, estima-se o valor líquido de impostos da venda dos ativos fixos somado com o valor de realização dos ativos correntes líquido dos pagamentos dos passivos correntes, à data.

QUESTÃO 5.8

Considere as seguintes informações relativas a um dado projeto de investimento a realizar no ano 0 e com a duração de 4 anos:

- Quota de depreciação anual: 25%;
- Método para cálculo do valor residual do projeto: valor de liquidação;
- Outros dados:

Ano	0	1	2	3	4
EBIT*(1-t)		-1,000.00	9,000.00	12,000.00	14,000.00
INVAF	80,000.00				
INVNFM		6,000.00	2,000.00	-1,000.00	-500.00

Construa o mapa de *cash-flows* do projeto e calcule e interprete o VAL considerando um custo de capital de 12%. Explicite os pressupostos que necessitar assumir.

RESPOSTA 5.8

Antes de mais, é necessário interpretar corretamente os dados disponibilizados. Em primeiro lugar, a taxa de depreciação anual de 25% significa que na aplicação do método de depreciação em linha reta (quotas constantes, portanto) a quota de depreciação anual ascende a 20,000.00 u.m (ou seja, 0.25 * 80,000). O quadro menciona o investimento em necessidades em fundo de maneio (INVNFM). Isto significa que é a variação anual que consta do enunciado e não apenas o valor anual das necessidades em fundo de maneio previstas.

Segundo, o valor residual do projeto (ou valor terminal, isto é, valor do projeto no fim do último ano de previsões explícitas) deve ser calculado de acordo com o método do valor de liquidação. Este método pressupõe que se some ao valor residual dos ativos fixos o valor das necessidades em fundo de maneio no último ano.

O valor residual dos ativos fixos pode ser estimado com base no seu valor contabilístico liquido, neste caso 0, correspondendo a 80,000.00 – 4*0.25*80000, ou seja, o valor investido deduzido das depreciações acumuladas.

O valor das necessidades em fundo de maneio no último ano pode ser obtido a partir da soma da variação anual das NFM, dado no enunciado por INVNFM. Ou seja, $NFM_4 = INVNFM_0 + ... + INVNFM_4 = 6,500.00$.

Tendo em conta estas observações é possível construir o mapa de *cash flows* do projeto que consta do quadro seguinte:

Rubrica	Cálculo CF	0	1	2	3	4
INVAF	(-)	80,000.00				
INVFMN	(-)		6,000.00	2,000.00	-1,000.00	-500.00
EBIT*(1-t)	(+)		-1,000.00	9,000.00	12,000.00	14,000.00
DA	(+)		20,000.00	20,000.00	20,000.00	20,000.00
VT	(+)					6,500.00
CF	(=)	-80,000.00	13,000.00	27,000.00	33,000.00	41,000.00

Para cálculo VAL ao custo de capital de 12%, precisamos de atualizar os *cash flows* para o momento 0 (momento de avaliação) e depois somar a série de *cash flows* atualizados.

No quadro seguinte, a linha PVCF(@k) corresponde aos valores dos cash flows anuais atualizados (obtidos com a aplicação da formula $PVCF_n(@k) = CF_n / (1+k)^n$) e a linha AccPVCF(@k) corresponde ao valor acumulado dos cash atualizados, até ao momento n, ou seja, $AccPVCF_n(@k) = AccPVCF_{n-1}(@k) + PVCF_n(@k)$. Neste exemplo, k = 12%.

Rubrica	0	1	2	3	4	Obs.
PVCF(@k)	-80,000.00	11,607.14	21,524.23	23,488.75	26,056.24	
AccPVCF(@k)	-80,000.00	-68,392.86	-46,868.63	-23,379.88	2,676.36	(1)
Obs. (1) Cálculos efetuados considerando valores arredondados ao cêntimo.						

O $VAL(@k) = PVCF_0(@k) + ... + PVCF_4(@k) = +2,676.36$ u.m. indica que o investimento inicial é recuperado em valor nominal, os capitais investidos são remunerados à taxa de remuneração exigida pelos financiadores (k) e ainda é gerado um excedente financeiro cujo valor atual no momento zero é de 2,676.36 u.m. Como a riqueza dos investidores aumenta, o projeto deve ser implementado.

6. O relatório de análise económica e financeira global

O relatório de análise é o documento escrito em que o analista fundamenta a sua opinião sobre a situação económica e financeira da empresa e enuncia as recomendações adequadas às perspetivas de evolução futura identificadas.

Na sua génese, podem estar situações de crise, como uma dificuldade financeira emergente ou um processo regular de monitorização da situação financeira. Pode também partir da iniciativa interna à empresa ou resultar da necessidade de informação de entidades externas.

Em qualquer dos casos, um objetivo bem definido preside à elaboração do relatório e, em conjunto com a posição do analista e âmbito da análise, condiciona a seleção dos indicadores mais relevantes. Por exemplo, a nível externo, a análise pode ser realizada por uma instituição bancária para avaliar o risco de conceder crédito a uma determinada empresa. Neste caso, os indicadores relativos à liquidez, solvabilidade, capacidade de geração de meios financeiros e cobertura de encargos financeiros, têm naturalmente maior relevância.

Pode equacionar-se a utilidade de um diagnóstico global de monitorização da situação económica e financeira, situação que se discute neste capítulo. Tipicamente, uma análise global procura responder a algumas questões, tais como:

- A estrutura de financiamento da empresa é a mais adequada?
- A empresa dispõe da liquidez necessária para efetuar os pagamentos nas datas em que eles são devidos?
- Até que ponto a empresa utiliza de um forma eficiente os ativos à sua disposição?

EXERCÍCIOS DE ANÁLISE FINANCEIRA

- A rendibilidade obtida pela empresa é adequada face ao risco do investimento?
- A empresa está a criar valor para os sócios/acionistas?
- Qual o impacto da alavancagem operacional e financeira?

No âmbito dos trabalhos prévios à elaboração do relatório de análise, é necessário selecionar fontes de informação, sendo que numa análise económico-financeira global é usual recorrer ao Relatório e Contas da empresa, que inclui as Demonstrações Financeiras e o Relatório de Gestão, bem como a informação setorial, nomeadamente à informação disponibilizada pela Central de Balanços do Banco de Portugal. Contudo, é de salientar que para realizar a análise é necessária informação dos últimos três anos de atividade (pelo menos), essencial para estabelecer tendências que forneçam pistas quanto à evolução futura da empresa e determinar as situações críticas.

Depois de recolhida a informação, deve ser verificada a qualidade da informação, em particular a sua veracidade e fiabilidade, devendo ser apurados os compromissos efetivos ou potenciais que possam vir a afetar significativamente o património da empresa. Para esse efeito, deve ser consultada a Certificação Legal de Contas para identificar eventuais "reservas" ou "ênfases" que tenham sido emitidos, bem como os anexos que acompanham as demonstrações financeiras. Caso existam situações relevantes, as contas deverão ser corrigidas, passando de uma ótica contabilística para uma ótica financeira.

Por exemplo, as operações "fora do balanço" podem agora ser consideradas (e.g., acordos de recompra ainda não registados, descontos de letras ou de faturas não considerados, ou dividendos a distribuir), as mensurações ajustadas à realidade económica atual (e.g., revalorizações de ativos longo prazo omitidas, ou provisões exageradas) e os ativos e passivos devidamente ordenados por prazo de liquidez crescente e prazo de exigibilidade crescente, respetivamente.

De igual forma, um esforço deve ser efetuado para identificar na demonstração de resultados as rubricas de rendimentos e gastos que têm natureza eventual, de ocorrência infrequente ou não usual, de forma a minimizar o seu efeito na análise da rendibilidade operacional. A título de exemplo, os rendimentos e gastos resultantes de catástrofes naturais, outros acidentes ou crimes, alienação de ativos fixos ou processos judiciais, podem ser isolados numa rubrica de resultados não correntes.

Após realizados os devidos ajustamentos financeiros, para utilizar uma abordagem funcional, torna-se necessário transformar as demonstrações financeiras, em especial o balanço, num balanço funcional, agregando as massas patrimoniais de acordo com os ciclos financeiros: ciclo de exploração (ou operacional), ciclo de investimento e ciclo de operações financeiras. Adicionalmente, devem ser calculadas as percentagens correspondentes às rubricas das demonstrações financeiras, em função do ativo, no caso do balanço, e do volume de negócios (ou da produção), no caso da demonstração de resultados, de forma a obter o que normalmente se designa por *"common size financial statements"* que facilitam a leitura da estrutura e da evolução das diferentes componentes das mesmas, bem com a comparação com o setor ou com os concorrentes. Para o mesmo efeito, devem também ser calculadas as variações ocorridas ao longo do período em análise, em termos absolutos e relativos, em cada uma das rubricas do balanço e da demonstração de resultados.

Para elaboração do relatório, sugerimos uma abordagem que numa primeira fase faz a análise em separado de cada perspetiva de análise e no fim a respetiva síntese. Para este efeito, propomos a organização do relatório da seguinte forma:

i) capa
ii) Sumário Executivo
1. Enquadramento
2. Análise área financeira
3. Análise área económica
4. Análise de risco
5. Síntese, perspetivas de evolução e recomendações
Anexos

Quanto à dimensão, em termos indicativos, o relatório terá entre 15 a 20 páginas, excluindo os anexos com a informação de suporte e outra que se entenda necessária.

A capa contém os elementos necessários à identificação do objeto de estudo, do período em análise e dos autores do mesmo, bem como a data em que foi realizado.

EXERCÍCIOS DE ANÁLISE FINANCEIRA

O sumário executivo surge a seguir à capa e proporciona uma visão geral do relatório resumindo as conclusões e recomendações mais relevantes da análise global. Escrito após concluído o relatório de análise, destina-se a substituir a leitura deste sempre que o detalhe da análise seja considerado menos relevante pelo utilizador.

A secção 1, enquadramento, descreve os elementos base da análise. Aqui é explicitado o objetivo da análise e os fatores que estiveram na base da mesma, é desenhado o retrato da empresa e do setor em que se enquadra a respetiva atividade e são esclarecidos eventuais procedimentos de preparação de contas que se revelem necessários. Acresce que as especificidades da atividade da empresa e dos dados disponíveis para comparação, podem condicionar a definição de alguns rácios, situação que se esclarece nesta fase.

A secção 2, análise da área financeira, é privilegiada uma janela de observação financeira. Procura-se averiguar o ajustamento entre fluxos financeiros de entrada e saída tendo em vista avaliar a capacidade de satisfazer os compromissos financeiros na sua data de vencimento. Numa primeira fase, é importante analisar a estrutura do balanço nas suas três vertentes: estrutura das aplicações de fundos, estrutura de financiamento e estrutura financeira. Os balanços em percentagem do total são a base desta análise.

Posteriormente, é usual dividir as questões de solvabilidade em dois períodos temporais: equilíbrio a médio e longo prazo (mais de 1 ano) e equilíbrio a curto prazo (menos de 1 ano). A longo prazo as preocupações com a independência perante credores, capacidade negocial e reserva de endividamento estão subjacentes ao estudo da autonomia financeira, estrutura de financiamento e cobertura de ativos fixos.

A curto prazo, preocupações pedagógicas, sugerem a adoção de duas abordagens (substituíveis e não equivalentes). Na versão tradicional, a preocupação centra-se no sinal e dimensão do fundo de maneio e nos indicadores de liquidez (geral, reduzida e imediata). Na versão funcional, mais recente e desenvolvida para ultrapassar as limitações da abordagem anterior, a preocupação centra-se na tesouraria líquida, em níveis ou em quociente, e na identificação dos fenómenos (relacionados com o fundo de maneio e com as necessidades em fundo de maneio) que estão a condicionar a sua evolução. Para além da evolução do nível de atividade, a análise de funcionamento, a partir dos parâmetros que caracterizam a gestão financeira a curto prazo, ajuda a perceber as razões para a evolução observada nas necessidades em fundo de maneio.

A perspetiva financeira inclui ainda a análise do financiamento do crescimento. Com a taxa de crescimento sustentável como padrão, procura-se averiguar as opções em termos de financiamento do crescimento.

Para concluir a secção, importa destacar os aspetos favoráveis e desfavoráveis na perspetiva estritamente financeira. São exemplos de aspetos favoráveis todos os anteriores quando se verifica o reforço da autonomia financeira, o aumento do peso dos recursos alheios estáveis na estrutura do financiamento em capitais alheios, o aumento do fundo de maneio, a redução das necessidades em fundo de maneio, e o aumento da tesouraria líquida. São exemplos de aspetos desfavoráveis a evolução contrária à atrás referida, em particular se a mesma resulta em desvios negativos significativos relativamente ao setor em que se insere a empresa em análise.

A secção 3, análise da área económica, centra-se na forma como são gerados os resultados da empresa. A análise da evolução da estrutura de rendimentos e gastos, proporcionada por um mapa da demonstração dos resultados em percentagem do volume de negócios (ou do total de rendimentos operacionais) constitui o ponto de partida e destina-se a levantar questões a que a análise subsequente dará resposta.

Segue-se a análise de rendibilidade, numa dupla perspetiva: económica (ou do investimento total) e financeira (ou dos capitais próprios). Tão importante como a análise dos indicadores de síntese, a análise desdobrada de rácios afigura-se indispensável para a compreensão dos fatores que condicionaram aqueles, bem como da intensidade dessa contribuição. Em particular, a utilização de modelos multiplicativos de tipo Dupont ou, em alternativa, de modelos aditivos de efeito *levier*, é fundamental para identificar a influência das políticas de investimento, financiamento e fiscal na análise da rendibilidade dos capitais próprios.

Ainda nesta secção, tem lugar a análise da criação de valor, recorrendo a modelos de tipo resultado residual.

Por fim, a secção conclui com uma síntese dos aspetos favoráveis e desfavoráveis de natureza económica. São exemplos de aspetos favoráveis: o reforço da origem operacional dos resultados, a melhoria das margens de lucro, da rendibilidade do investimento total e do índice de alavanca financeira, sendo exemplos de aspetos desfavoráveis todos os anteriores se a evolução for em sentido contrário.

EXERCÍCIOS DE ANÁLISE FINANCEIRA

Na secção 4, análise de risco, é dado especial relevo ao estudo dos fatores internos que condicionam a volatilidade dos resultados. A preocupação está em medir o impacto da estrutura operacional (através da dimensão relativa dos gastos operacionais fixos) e da estrutura de financiamento (através da dimensão relativa dos gastos financeiros líquidos, considerados fixos) face a variações da procura, ou seja, os efeitos de alavanca operacional e de alavanca financeira. Além do ponto crítico de vendas e da margem de segurança, propomos a determinação do grau de alavanca operacional, do grau de alavanca financeira e, consequentemente, do grau de alavanca combinada. Também será estudado o risco de crédito, por exemplo com indicadores de cobertura de encargos financeiros. Nesta secção tem ainda cabimento o estudo da probabilidade de falência, por exemplo com uma versão apropriada do modelo de Altman. A secção termina com uma síntese da evolução do risco operacional financeiro, procurando explicitar as causas para a evolução observada.

A secção 5, síntese, perspetivas de evolução e recomendações, conclui o relatório de análise. É, talvez, a mais exigente para o analista. Começa por fazer a síntese das análises parcelares anteriores, procurando relacioná-las de forma a proporcionar uma imagem do conjunto, procurando determinar tendências. São estas tendências fortes que, com o devida contextualização setorial prospetiva, se enunciam como perspetivas de evolução futura. Assim, estão criadas condições para que o analista faça as recomendações destinadas a ultrapassar aspetos menos favoráveis e a reforçar os aspetos favoráveis detetados.

Nas secções, seguintes apresentamos três relatórios de análise económica e financeira global, realizados numa perspetiva de analistas externos e numa abordagem pedagógica, a duas PMEs da região centro de Portugal, identificadas com as designações Alfa e Beta, e a uma PME da região norte, desingada por Omega, por questões de confidencialidade.

6.1. Caso Alfa

Sumário Executivo
Neste relatório é apresentado um diagnóstico da situação económico-financeira da empresa Alfa, tendo por base as demonstrações financeiras do triénio 2011-2013 e alguma informação adicional fornecida pela empresa.

A empresa Alfa é uma micro empresa que tem como atividade a comercialização de equipamentos para a indústria, inserindo-se num setor onde a intensidade da concorrência é elevada e que tem enfrentado uma conjuntura desfavorável.

No período em análise, regista-se uma deterioração do negócio da empresa, sendo de destacar a diminuição das vendas e o aumento significativo do prazo médio de recebimentos, que refletem dificuldades comerciais. Esta situação merece preocupação, dado que as vendas no último ano estão próximas do ponto crítico, verificando-se um elevado risco operacional.

Por outro lado, a empresa não está a ser eficiente na utilização dos recursos, registando uma fraca rendibilidade operacional, divergente da evolução evidenciada no respetivo setor. Além disso, verifica-se que a empresa não está a criar valor para os detentores de capital.

Acresce que, apesar da boa autonomia financeira, a empresa apresenta uma situação de desequilíbrio financeiro (FM<0; NFM>0; TL<0), sendo forçada a recorrer a financiamentos bancários e a empréstimos de sócios para garantir o seu funcionamento.

Assim sendo, para assegurar a continuidade do negócio e resolver a situação de desequilíbrio em que se encontra, na nossa opinião, a empresa deverá procurar novas oportunidades de crescimento e tentar reduzir o prazo médio de recebimentos e a duração média de inventários. Deverá também equacionar a venda de ativos que não sejam necessários para a prossecução da sua atividade, de forma a melhorar não só a sua situação financeira, mas também a sua eficiência.

Finalmente, sugerimos que a empresa realize uma análise estratégica e que sejam elaboradas demonstrações financeiras previsionais, para antecipar as mudanças e avaliar as várias opções estratégicas.

6.1.1. Enquadramento
A empresa Alfa, com sede na região centro de Portugal, dedica-se à comercialização de equipamentos para a indústria. A empresa foi criada em maio de 1988 e é representante de várias marcas, entre as quais as seguintes: Praxair, Sedis, LubricationEngineers (LE), Molykote, Metal Lube, SKF, CX, Simrit, Merkel, Facom, Beta, Irimo e Nex-Flow.

Tendo em conta o código de atividade económica, a empresa Alfa insere-se no setor das atividades de mecânica geral (CAE 25620) estando

EXERCÍCIOS DE ANÁLISE FINANCEIRA

representada na Central de Balanços do Banco de Portugal por 793 empresas, em 2013. De uma forma geral, este setor atravessou uma conjuntura adversa nos últimos anos, no entanto, verifica-se um ligeiro crescimento da atividade em 2013.

A empresa em análise pode ser considerada uma microempresa uma vez que emprega menos de 10 pessoas e quer o volume de negócios anual quer o balanço não excedem 2 milhões de euros. Assim sendo, iremos utilizar como padrão de comparação os dados da central de balanços do Banco de Portugal para empresas desta dimensão, onde constam 644 empresas em 2013 (640 em 2012; 669 em 2011). Dado o número elevado de empresas a operar neste setor, como sugere a amostra da Central de Balanços, podemos considerar que a rivalidade entre concorrentes é elevada.

Para este caso, uma vez que se pretende essencialmente ilustrar uma metodologia de análise, iremos assumir como verdadeiras e apropriadas as demonstrações financeiras que nos foram fornecidas e não iremos aprofundar a análise da envolvente competitiva. Abaixo apresentamos os elementos financeiros originais, sendo introduzidos eventuais ajustamentos aos mesmos e calculados rácios e indicadores em cada uma das análises, à medida que as estas o exijam, de forma a tornar mais evidente a análise a realizar.

6. O RELATÓRIO DE ANÁLISE ECONÓMICA E FINANCEIRA GLOBAL

BALANÇO	2013	2012	2011
ATIVO			
Ativo não corrente			
Ativos fixos tangíveis	270,579.03 €	290,787.51 €	318,598.38 €
Ativos intangíveis			
Acionistas/sócios			
	270,579.03 €	**290,787.51 €**	**318,598.38 €**
Ativo Corrente			
Inventários	75,824.32 €	73,820.96 €	62,155.84 €
Clientes	107,949.92 €	93,789.23 €	88,000.23 €
Estados e outros entes públicos	– €	2,958.46 €	
Acionistas/sócios			
Outras contas a receber	1,055.08 €		
Diferimentos	1,183.42 €	1,263.58 €	
Caixa e depósitos bancários	2,117.96 €	6,369.42 €	11,264.06 €
	188,130.70 €	**178,201.65 €**	**161,420.13 €**
Total do ativo	**458,709.73 €**	**468,989.16 €**	**480,018.51 €**
CAPITAL PRÓPRIO E PASSIVO			
Capital próprio			
Capital realizado	75,000.00 €	75,000.00 €	75,000.00 €
Prémios de emissão			
Reservas legais	15,000.00 €	15,000.00 €	7,991.55 €
Outras reservas	125,251.58 €	125,251.58 €	132,260.03 €
Resultados transitados	- 19,169.70 €	16,767.69 €	
Excedentes de revalorização			
Outras variações no capital próprio			
Resultado líquido do período	232.09 €	- 36,215.43 €	22,044.40 €
Total do capital próprio	**196,313.97 €**	**195,803.84 €**	**237,295.98 €**
PASSIVO			
Passivo não corrente			
Acionistas			
Financiamentos obtidos	57,694.36 €	73,049.62 €	
Outras contas a pagar			
	57,694.36 €	**73,049.62 €**	
Passivo corrente			
Fornecedores	52,759.65 €	46,084.68 €	28,609.99 €
Estado e outros entes públicos	16,014.89 €	9,156.79 €	17,569.75 €
Acionistas/sócios	102,000.00 €	119,000.00 €	
Financiamentos obtidos	23,702.71 €	15,324.00 €	183,399.56 €
Outras contas a pagar	10,224.15 €	10,570.23 €	13,143.23 €
Diferimentos			
	204,701.40 €	**200,135.70 €**	**242,722.53 €**
Total do passivo	**262,395.76 €**	**273,185.32 €**	**242,722.53 €**
Total do capital próprio e do passivo	**458,709.73 €**	**468,989.16 €**	**480,018.51 €**

EXERCÍCIOS DE ANÁLISE FINANCEIRA

DEMONSTRAÇÃO DE RESULTADOS	2013	2012	2011
Vendas e serviços prestados	315,206.68 €	335,602.92 €	387,829.42 €
Subsídios à exploração			3,259.02 €
Variação nos inventários da produção			
Trabalhos para a própria entidade			
Custos das mercadorias vendidas e das matérias consumidas	185,842.40 €	186,185.77 €	213,660.93 €
Fornecimentos e serviços externos	25,997.93 €	29,195.85 €	31,238.81 €
Gastos com o pessoal	78,078.36 €	116,047.69 €	88,933.43 €
Imparidade de inventários (perdas/reversões)			
Imparidade de dívidas a receber (perdas/reversões)	809.62 €		
Provisões (aumentos/reduções)			
Outras imparidades (perdas/reversões)			
Aumentos/reduções de justo valor			
Outros rendimentos e ganhos	1,075.95 €	746.25 €	665.60 €
Outros gastos e perdas	2,834.00 €	14,160.58 €	2,134.73 €
Resultado antes de depreciações, gastos de financiamentos e impostos	**22,720.32 €**	**- 9,240.72 €**	**55,786.14 €**
Gastos/reversões de depreciação e de amortização	20,208.48 €	24,570.14 €	24,581.83 €
Resultado operacional (antes de gastos de financiamento e impostos)	**2,511.84 €**	**- 33,810.86 €**	**31,204.31 €**
Juros e rendimentos similares obtidos			
Juros e gastos similares suportados	899.25 €	1,392.95 €	2,304.83 €
Resultados antes de impostos	**1,612.59 €**	**- 35,203.81 €**	**28,899.48 €**
Imposto sobre o rendimento do período	1,380.50 €	1,011.62 €	6,855.08 €
Resultado líquido do período	**232.09 €**	**- 36,215.43 €**	**22,044.40 €**

6.1.2. Análise da área financeira

Começamos por avaliar estrutura do balanço nas vertentes de aplicações, de financiamento e financeira. O ativo não corrente representa 59% do ativo em 2013, apesar de se verificar uma redução do peso do mesmo ao longo do triénio (62% em 2012; 66% em 2011), o que exige uma maior cobertura de capitais permanentes.

No passivo, é de destacar o aumento do peso da rubrica fornecedores ao longo do período em análise (12% do ativo em 2013, 10% em 2012 e 6% em 2011) e a substituição, ocorrida em 2012, de financiamentos obtidos de curto prazo por empréstimos de sócios e financiamentos não correntes. Quanto à estrutura do passivo, podemos constatar que o passivo é essencialmente de natureza corrente, sendo igual a 3,55 o rácio entre passivo corrente e passivo não corrente em 2013 (2.74 em 2012). Os empréstimos de sócios correspondem a cerca de 50% do passivo corrente nesse ano.

Em termos de equilíbrio financeiro a longo prazo, verificamos a empresa regista uma autonomia financeira consistentemente superior a 40%, representando o capital próprio 43% do ativo total em 2013, valor favorável face à média aparada do setor em que se insere e que foi de 32% nesse ano. Por outro lado, a cobertura do ativo não corrente por capitais permanentes é insuficiente, embora se registe uma melhoria deste indicador (0.94 em 2013 contra 0.74 em 2011).

Assim, apesar da confortável autonomia financeira que a empresa apresenta, a insuficiente cobertura do ativo não corrente por capitais permanentes é motivo de preocupação. Por outro lado, embora a maior maturidade dos financiamentos obtidos, e a substituição dos mesmos, em parte, por empréstimos de sócios, seja benéfica na perspetiva do equilíbrio a longo prazo, também pode indiciar maiores dificuldades de acesso ao crédito, sendo necessária mais informação sobre esta situação.

Para análise do equilíbrio financeiro a curto prazo, e para ilustração dos diferentes métodos, iremos utilizar a abordagem tradicional e uma abordagem funcional, embora entendamos que esta última é a mais aconselhável. Na prática poderia ter sido utilizada apenas esta última, até porque os rácios e indicadores devem ser escolhidos com parcimónia, evitando o uso dos mesmos sem qualquer justificação ou benefício para efeito de análise.

A análise na ótica tradicional é realizada através dos indicadores de liquidez geral e de liquidez reduzida. Os valores do setor, que servem de termo de comparação, correspondem à média aparada (ou seja, à média

EXERCÍCIOS DE ANÁLISE FINANCEIRA

calculada excluindo valores extremos da distribuição) das micro empresas com o mesmo código de atividades económica.

Equilíbrio de curto prazo (patrimonial)		ALFA			CAE 25620 – Micro empresas		
		2013	2012	2011	2013	2012	2011
Liquidez geral	AC / PC	0.92	0.89	0.67	2.37	2.57	2.27
Liquidez reduzida	(AC-INV) / PC	0.55	0.52	0.41	2.08	2.22	1.93

Verifica-se que o ativo corrente não é suficiente para cobrir o passivo corrente (LG<1), situação que traduz algum desequilíbrio de curto prazo, sendo algo preocupante se atendermos aos valores do indicador de liquidez reduzida, ou seja, se não considerarmos o valor dos inventários que tipicamente não são tão líquidos. De facto, embora se registe uma melhoria significativa da liquidez geral, podemos constatar que no que diz respeito à liquidez reduzida a situação não é favorável e a melhoria é ligeira, o que traduz o maior peso dos inventários na estrutura do balanço. Acresce que o setor apresenta rácios de liquidez bastante confortáveis, pelo que este aspeto pode ser considerado um ponto fraco da empresa.

A perspetiva funcional, tem por base o balanço funcional. Considerando que não se afiguram necessários ajustamentos às contas, na medida em que não foram identificadas situações que o exigissem (face à informação disponibilizada), importa reorganizar os elementos do balanço de acordo com os ciclos de atividades principais, investimento, exploração e operações financeiras.

A informação disponível, a natureza da atividade e a dimensão da empresa, conduziram às reclassificações que a seguir se apresentam no balanço funcional. É de referir que existem situações que noutras circunstâncias mereceriam retificação. A título de exemplo, foi realizada pela empresa a compensação de saldos do IRC, o que nos impede de identificar a parcela da rubrica "Estado e Outros Entes Públicos" que por dizer respeito a IRC estimado deveria ser classificada como EPT, bem como identificar o EAT referente aos pagamentos por conta.

Para facilitar a leitura do balanço funcional, calculamos o peso de cada rubrica face ao ativo total, bem como as variações absolutas e relativas das mesmas. A comparação com as empresas da mesma dimensão e mesmo código de atividade económica será efetuada de forma pontual, sempre que se justifique.

6. O RELATÓRIO DE ANÁLISE ECONÓMICA E FINANCEIRA GLOBAL

BALANÇO FUNCIONAL	2013	2012	2011
ATIVO			
Ativo Fixo Líquido			
Ativos fixos tangíveis	270,579.03 €	290,787.51 €	318,598.38 €
Ativos intangíveis			
Acionistas/sócios			
	270,579.03 €	**290,787.51 €**	**318,598.38 €**
Necessidades Cíclicas			
Inventários	75,824.32 €	73,820.96 €	62,155.84 €
Clientes	107,949.92 €	93,789.23 €	88,000.23 €
Estados e outros entes públicos	– €	2,958.46 €	
Acionistas/sócios			
Outras contas a receber	1,055.08 €		
Diferimentos	1,183.42 €	1,263.58 €	
	186,012.74 €	**171,832.23 €**	**150,156.07 €**
Elementos Ativos de Tesouraria			
Caixa e depósitos bancários	2,117.96 €	6,369.42 €	11,264.06 €
	2,117.96 €	**6,369.42 €**	**11,264.06 €**
Total do ativo	**458,709.73 €**	**468,989.16 €**	**480,018.51 €**
CAPITAL PRÓPRIO E PASSIVO			
Recursos Estáveis			
Capital realizado	75,000.00 €	75,000.00 €	75,000.00 €
Prémios de emissão			
Reservas legais	15,000.00 €	15,000.00 €	7,991.55 €
Outras reservas	125,251.58 €	125,251.58 €	132,260.03 €
Resultados transitados	– 19,169.70 €	16,767.69 €	
Excedentes de revalorização			
Outras variações no capital próprio			
Resultado líquido do período	232.09 €	– 36,215.43 €	22,044.40 €
Total do capital próprio	196,313.97 €	195,803.84 €	237,295.98 €
Acionistas			
Financiamentos obtidos	57,694.36 €	73,049.62 €	
Outras contas a pagar			
	254,008.33 €	**268,853.46 €**	**237,295.98 €**
Recursos Cíclicos			
Fornecedores	52,759.65 €	46,084.68 €	28,609.99 €
Estado e outros entes públicos	16,014.89 €	9,156.79 €	17,569.75 €
Outras contas a pagar	10,224.15 €	10,570.23 €	13,143.23 €
Diferimentos			
	78,998.69 €	**65,811.70 €**	**59,322.97 €**
Elementos Passivos de Tesouraria			
Acionistas/sócios	102,000.00 €	119,000.00 €	
Financiamentos obtidos	23,702.71 €	15,324.00 €	183,399.56 €
	125,702.71 €	**134,324.00 €**	**183,399.56 €**
Total do capital próprio e do passivo	**458,709.73 €**	**468,989.16 €**	**480,018.51 €**

EXERCÍCIOS DE ANÁLISE FINANCEIRA

BALANÇO FUNCIONAL	2013	2012	2011	Δ (€) 13/12	Δ (€) 12/11	Δ (%) 13/12	Δ (%) 12/11
ATIVO							
Ativo Fixo Líquido							
Ativos fixos tangíveis	59%	62%	66%	-20,208.48	-27,810.87	-7%	-9%
Ativos intangíveis							
Acionistas/sócios							
	59%	**62%**	**66%**	**-20,208.48**	**-27,810.87**	**-7%**	**-9%**
Necessidades Cíclicas							
Inventários	17%	16%	13%	2,003.36	11,665.12	3%	19%
Clientes	24%	20%	18%	14,160.69	5,789.00	15%	7%
Estados e outros entes públicos				-2,958.46	2,958.46	-100%	
Acionistas/sócios							
Outras contas a receber				1,055.08			
Diferimentos				-80.16	1,263.58	-6%	
	41%	**37%**	**31%**	**14,180.51**	**21,676.16**	**8%**	**14%**
Elementos Ativos Tesouraria							
Caixa e depósitos bancários	0%	1%	2%	-4,251.46	-4,894.64	-67%	-43%
	0%	**1%**	**2%**	**-4,251.46**	**-4,894.64**	**-67%**	**-43%**
Total do ativo	**100%**	**100%**	**100%**	**-10,279.43**	**-11,029.35**	**-2%**	**-2%**
CAPITAL PRÓPRIO E PASSIVO							
Recursos Estáveis							
Capital realizado	16%	16%	16%	0.00	0.00	0%	0%
Prémios de emissão							
Reservas legais	3%	3%	2%	0.00	7,008.45	0%	88%
Outras reservas	27%	27%	28%	0.00	-7,008.45	0%	-5%
Resultados transitados	-4%	4%	0%	-35,937.39	16,767.69	-214%	
Excedentes de revalorização							
Outras variações no capital próprio							
Resultado líquido do período	0%	-8%	5%	36,447.52	-58,259.83	-101%	-264%
Total do capital próprio	43%	42%	49%	510.13	-41,492.14	0%	-17%
Acionistas							
Financiamentos obtidos	13%	16%	0%	-15,355.26	73,049.62	-21%	
Outras contas a pagar							
	55%	**57%**	**49%**	**-14,845.13**	**31,557.48**	**-6%**	**13%**
Recursos Cíclicos							
Fornecedores	12%	10%	6%	6,674.97	17,474.69	14%	61%
Estado e outros entes públicos	3%	2%	4%	6,858.10	-8,412.96	75%	-48%
Outras contas a pagar	2%	2%	3%	-346.08	-2,573.00	-3%	-20%
Diferimentos							
	17%	**14%**	**12%**	**13,186.99**	**6,488.73**	**20%**	**11%**
Tesouraria Passiva							
Acionistas/sócios	22%	25%	0%	-17,000.00	119,000.00	-14%	
Financiamentos obtidos	5%	3%	38%	8,378.71	-168,075.56	55%	-92%
	27%	**29%**	**38%**	**-8,621.29**	**-49,075.56**	**-6%**	**-27%**
Total do capital próprio e do passivo	**100%**	**100%**	**100%**	**-10,279.43**	**-11,029.35**	**-2%**	**-2%**

6. O RELATÓRIO DE ANÁLISE ECONÓMICA E FINANCEIRA GLOBAL

No quadro seguinte, balanço funcional esquemático, é apresentado um quadro resumo da tesouraria líquida, que evidencia uma situação de desequilíbrio financeiro.

RUBRICAS	SIGLA	N	N-1	N-2
Recursos estáveis	RE	254,008.33	268,853.46	237,295.98
Ativo fixo líquido	AFL	270,579.03	290,787.51	318,598.38
Fundo de maneio	**FM = RE – AFL**	**-16,570.70**	**-21,934.05**	**-81,302.40**
Necessidades cíclicas	NC	186,012.74	171,832.23	150,156.07
Recursos cíclicos	RC	78,998.69	65,811.70	59,322.97
Necessidades de fundo de maneio	**NFM = NC – RC**	**107,014.05**	**106,020.53**	**90,833.10**
Tesouraria líquida	**TL = FM – NFM**	**-123,584.75**	**-127,954.58**	**-172,135.50**
Elementos ativos de tesouraria	EAT	2,117.96	6,369.42	11,264.06
Elementos passivos de tesouraria	EPT	125,702.71	134,324.00	183,399.56
Tesouraria líquida	**TL = EAT – EPT**	**-123,584.75**	**-127,954.58**	**-172,135.50**

Em primeiro lugar, o fundo de maneio apresenta um valor negativo, indicando que os recursos estáveis não são suficientes para financiar o ativo fixo líquido. Todavia, verifica-se uma melhoria nos últimos dois anos, uma vez que o valor do ativo fixo líquido tem vindo a diminuir, dada a ausência de investimentos significativos e as amortizações entretanto realizadas. É de salientar que a diminuição significativa do capital próprio em 2012 (-41.492.14€), justificada pelo prejuízo desse exercício, foi em parte compensada pelo aumento dos recursos estáveis (+31.557.48€), que resultou dos financiamentos de médio/longo prazo obtidos.

Assim sendo, uma vez que as necessidades de fundo de maneio têm vindo a crescer, para mais num contexto de redução do nível de atividade, pois o aumento dos recursos cíclicos não é suficiente para compensar o acréscimo das necessidades cíclicas, a tesouraria líquida é negativa ao longo do período em análise.

Ou seja, a situação da empresa pode ser caracterizada esquematicamente da seguinte forma: FM<0; NFM>0; TL<0. Consequentemente, podemos concluir que a empresa apresenta uma situação de desequilíbrio, com risco elevado, sendo a insuficiência de capitais estáveis, estrutural.

EXERCÍCIOS DE ANÁLISE FINANCEIRA

De facto, a empresa teve necessidade de recorrer a operações de tesouraria para financiar as necessidades cíclicas, mas também parte do ativo fixo. Se, por um lado, a conversão de financiamentos bancários de curto prazo em financiamentos de longo prazo é positiva, como podemos observar em 2012, por outro lado, verifica-se que a maior parte do financiamento de curto prazo é assegurado pelos sócios, nos últimos dois anos em análise, sem qualquer remuneração, o que pode indiciar alguma dificuldade na obtenção de crédito bancário, agravando a preocupação com o desequilíbrio financeiro que a empresa revela.

Uma leitura em linha das componentes do balanço funcional permite analisar com mais detalhe a evolução financeira do ciclo de exploração da empresa. Verifica-se que o peso relativo dos inventários no ativo tem aumentado (13% em 2011, 16% em 2012 e 17% em 2013), bem como o peso do saldo da conta de clientes (18% em 2011, 20% em 2012 e 24% em 2013). Quanto aos recursos cíclicos, regista-se um aumento do saldo da conta de fornecedores que corresponde a 12% do ativo em 2013. Esta evolução traduz algumas dificuldades de funcionamento que pode ser relativizada através comparação com o setor. Para esse efeito, calculando o prazo médio de recebimentos, o prazo médio de pagamentos e a duração média de inventários, podemos tirar algumas conclusões.

Funcionamento		ALFA			CAE 25620 – Micro empresas		
		2013	2012	2011	2013	2012	2011
DMI	INV / CMVMC * 365	149	145	106	129	138	136
PMR	CLI / VND (ivai) * 365	154	125	102	120	128	125
PMP	FOR / (CMP+FSE) (ivai) * 365	111	92	53	91	91	99

Em primeiro lugar, constata-se uma deterioração destes indicadores ao longo do triénio, sendo que o prazo médio de recebimentos foi de 154 dias em 2013, contra 120 dias no setor, e a duração média de inventários foi de 149 dias nesse mesmo ano, o que compara com os 129 dias do setor. Ou seja, a empresa parece revelar uma maior dificuldade de cobrança e menor eficiência na gestão de inventários, que pode refletir dificuldades de venda, que levam a um menor cuidado na seleção de clientes e a maior dificuldade na rotação de inventários. Esta situação também poderá indiciar um menor cuidado com gestão de cobranças e de inventário, eventualmente consequência da redução do número de trabalhadores e do número de horas dedicadas a estes assuntos.

Quanto ao prazo médio de pagamentos, este foi de 111 dias em 2013, comparando com uma média de 91 dias do setor, o que, embora permita compensar em parte o acréscimo das necessidades cíclicas, reflete as dificuldades de tesouraria da empresa. Esta situação não pode ser considerada favorável, uma vez que pode prejudicar a imagem da empresa junto dos fornecedores e conduzir a uma diminuição do poder negocial da mesma, com eventual prejuízo nas condições acordadas ou no acesso a determinados produtos.

Em síntese, a empresa apresenta uma situação financeira desequilibrada, recorrendo a operações de tesouraria para financiar as necessidades cíclicas e parte do ativo fixo. O desequilíbrio estrutural é agravado pelo facto dos ativos fixos terem um peso muito significativo, representando cerca de 59% do ativo total em 2013, o que contrasta com o valor médio do setor em que a empresa se insere (28% nesse ano). Acresce que a deterioração do prazo médio de recebimentos e a duração média de inventários traduzem algumas dificuldades que merecem preocupação e que aconselham uma maior atenção à gestão de cobranças e inventários, de forma a melhorar a eficiência da empresa.

6.1.3. Análise da área económica

A análise na perspetiva económica tem por base a demonstração de resultados, corrigida para efeito da análise financeira. Desde logo, analisando a demonstração de resultados verifica-se que os gastos com o pessoal, no ano 2012, incluem a importância de 40.432.05€ referente a indemnizações pagas, relacionadas com o despedimento de um colaborador, com caráter extraordinário, pelo que optámos por reclassificar este registo, considerando este montante como perda extraordinária (de forma a que os resultados operacionais sejam apenas influenciados pela atividade normal da empresa). Para além destes, identificámos na rubrica "outros gastos e perdas" valores correspondentes a correções relativas a exercícios anteriores que considerámos também como não correntes nos exercícios em causa (exercícios de 2013 e 2012).

EXERCÍCIOS DE ANÁLISE FINANCEIRA

DEMONSTRAÇÃO DE RESULTADOS	2013	2012	2011
Vendas e serviços prestados	315,206.68 €	335,602.92 €	387,829.42 €
Subsídios à exploração			3,259.02 €
Variação nos inventários da produção			
Trabalhos para a própria entidade			
Custos das mercadorias vendidas e das matérias consumidas	185,842.40 €	186,185.77 €	213,660.93 €
Fornecimentos e serviços externos	25,997.93 €	29,195.85 €	31,238.81 €
Gastos com o pessoal	78,078.36 €	75,615.64 €	88,933.43 €
Imparidade de inventários (perdas/reversões)			
Imparidade de dívidas a receber (perdas/reversões)	809.62 €		
Provisões (aumentos/reduções)			
Outras imparidades (perdas/reversões)			
Aumentos/reduções de justo valor			
Outros rendimentos e ganhos	1,075.95 €	746.25 €	665.60 €
Outros gastos e perdas	2,539.00 €	1,659.07 €	2,134.73 €
Resultado antes de depreciações, gastos de financiamentos e impostos	**23,015.32 €**	**43,692.84 €**	**55,786.14 €**
Gastos/reversões de depreciação e de amortização	20,208.48 €	24,570.14 €	24,581.83 €
Resultados operacionais	**2,806.84 €**	**19,122.70 €**	**31,204.31 €**
Juros e rendimentos similares obtidos			
Juros e gastos similares suportados	899.25 €	1,392.95 €	2,304.83 €
Resultados correntes	**1,907.59 €**	**17,729.75 €**	**28,899.48 €**
Ganhos não correntes ou extraordinários			
Perdas não correntes ou extraordinárias	295.00 €	52,933.56 €	
Resultado antes de impostos	**1,612.59 €**	**-35,203.81 €**	**28,899.48 €**
Imposto sobre o rendimento do período	1,380.50 €	1,011.62 €	6,855.08 €
Resultado líquido do período	**232.09 €**	**-36,215.43 €**	**22,044.40 €**

Para facilitar a leitura da estrutura e evolução dos gastos e rendimentos, calculámos as percentagens de cada rubrica da demonstração de resultados face ao volume de negócios, bem como as variações ocorridas nas mesmas.

6. O RELATÓRIO DE ANÁLISE ECONÓMICA E FINANCEIRA GLOBAL

DEMONSTRAÇÃO DE RESULTADOS	2013	2012	2011	Δ 13/12 (€)	Δ 12/11 (€)	Δ 13/12 (%)	Δ 12/11 (%)
Vendas e serviços prestados	100%	100%	100%	-20,396.24	-52,226.50	-6%	-13%
Subsídios à exploração			1%	0.00	-3,259.02		-100%
Variação nos inventários da produção							
Trabalhos para a própria entidade							
Custos das mercadorias vendidas e das matérias consumidas	59%	55%	55%	-343.37	-27,475.16	0%	-13%
Fornecimentos e serviços externos	8%	9%	8%	-3,197.92	-2,042.96	-11%	-7%
Gastos com o pessoal	25%	23%	23%	2,462.72	-13,317.79	3%	-15%
Imparidade de inventários (perdas/reversões)							
Imparidade de dívidas a receber (perdas/reversões)	0%	0%	0%	809.62	0.00		
Provisões (aumentos/reduções)							
Outras imparidades (perdas/reversões)							
Aumentos/reduções de justo valor							
Outros rendimentos e ganhos				329.70	80.65	44%	12%
Outros gastos e perdas	1%	1%	1%	879.93	-475.66	53%	-22%
Resultado antes de depreciações, gastos de financiamentos e impostos	**7%**	**13%**	**14%**	**-20,677.52**	**-12,093.30**	**-47%**	**-22%**
Gastos/reversões de depreciação e de amortização	6%	7%	6%	-4,361.66	-11.69	-18%	0%
Resultados operacionais	**1%**	**6%**	**8%**	**-16,315.86**	**-24,583.12**	**-85%**	**-39%**
Juros e rendimentos similares obtidos							
Juros e gastos similares suportados	0%	0%	1%	-493.70	-911.88	-35%	-40%
Resultados correntes	**1%**	**5%**	**7%**	**-15,822.16**	**-11,169.73**	**-89%**	**-39%**
Ganhos não correntes ou extraordinários							
Perdas não correntes ou extraordinárias	0%	16%	0%	-52,638.56	52,933.56		
Resultado antes de impostos	**1%**	**-10%**	**7%**	**36,816.40**	**-64,103.29**	**-105%**	**-222%**
Imposto sobre o rendimento do período	0%	0%	2%	368.88	-5,843.46	36%	-85%
Resultado líquido do período	**0%**	**-11%**	**6%**	**36,447.52**	**-58,259.83**	**-101%**	**-264%**

Em primeiro lugar, observa-se uma quebra no volume de negócios ao longo do triénio (-13% em 2012; -6% em 2013) que totalizou 315.206,68€ em 2013. Esta diminuição do volume de negócios é mais significativa em 2012, visto que este incluía no ano 2011 o montante de 31.465,73€ referente a prestações de serviços, enquanto que nos anos seguintes o volume de negócios é constituído exclusivamente por vendas de produtos.

No mesmo período, o conjunto de empresas com o mesmo código de atividade económica e dimensão semelhante registaram uma contração do volume de negócios de 2% em 2013 e 10% em 2012, verificando-se que a quebra na atividade da empresa em análise foi mais acentuada.

Analisando agora a estrutura de gastos da empresa, verifica-se um aumento do peso do custo das mercadorias vendidas e consumidas, que passa a representar 59% das vendas (contra 55% nos anos anteriores) e que se traduz numa redução da margem bruta de 45% para 41%. Quanto aos fornecimentos e serviços externos, regista-se uma redução em termos absolutos que resulta da quebra da atividade da empresa, mas mantêm o seu peso relativo, cerca de 8% do volume de negócios.

EXERCÍCIOS DE ANÁLISE FINANCEIRA

Relativamente aos gastos com pessoal, apesar da redução dos mesmos em 2012 que resulta do despedimento de um colaborador, verifica-se que o peso desta rubrica no volume de negócios não se altera (25% em 2013; 23% em 2012 e 2011), registando-se até um ligeiro aumento relativo no último ano em análise, dada a diminuição das vendas.

Por outro lado, a diminuição de efetivos de 5 para 4 pessoas ocorrida em 2012 deu lugar a custos extraordinários no montante de 40.432,05€, referente a indemnizações relativas à rescisão contratual que, em conjunto com as correções relativas a exercícios anteriores, explicam o elevado peso da rubrica "perdas não correntes ou extraordinárias" nesse ano.

Para analisar a rendibilidade operacional, vamos começar por comparar a margem EBITDA da empresa com a que foi obtida por empresas de dimensão semelhante e com o mesmo código de atividade económica, utilizando a média aparada, a qual exclui os casos extremos da distribuição. Assim, tendo em conta a percentagem do EBITDA no volume de negócios do setor (6.34% em 2013; 5,25% em 2012; 6,43% em 2011), verificamos que o desempenho da empresa Alfa foi superior à média, embora se registe uma deterioração da margem ao longo do período em análise, apresentando a empresa uma margem EBITDA de 7% em 2013 (13% em 2012; 14% em 2011).

Rendibilidade		ALFA			CAE 25620 – Micro empresas		
		2013	2012	2011	2013	2012	2011
Margem EBITDA	EBITDA / VN	7.30%	13.02%	14.38%	6.34%	5.25%	6.43%
RC'P	RLP / C'P	0.12%	-18.50%	9.29%	8.69%	1.86%	4.16%
ROA	EBIT/ A	0.61%	4.08%	6.50%	6.12%	4.70%	5.25%

Por outro lado, verifica-se alguma volatilidade na rendibilidade dos capitais próprios que é negativa em 2012 e quase nula em 2013, em clara divergência com a média do setor que apresenta uma rendibilidade média dos capitais próprios de 8,69% em 2013. Também ao nível da rendibilidade operacional do ativo se pode constatar uma evolução desfavorável, sendo praticamente nula em 2013, enquanto o setor regista uma média de cerca de 6% nesse ano.

Para melhor compreensão da influência dos efeitos operacional, financeiro e fiscal, vamos decompor a rendibilidade do capital próprio,

6. O RELATÓRIO DE ANÁLISE ECONÓMICA E FINANCEIRA GLOBAL

utilizando o métodos de análise desagregada de rácios. Adicionalmente, os valores obtidos serão comparados com a média do setor, para relativizar o desempenho da empresa. Esta comparação será realizada tendo em conta os valores agregados do setor, uma vez que não constam dos quadros da central de balanços do Banco de Portugal as médias aparadas das rubricas do balanço e da demonstração de resultados.

Atendendo à natureza pedagógica desta análise, em baixo apresentamos os dois modelos que é normal utilizar para decompor os vários componentes, o modelo multiplicativo e o modelo aditivo, considerando a sua forma mais generalizada, o que beneficia de algum modo a comparação que se pretende fazer.

Rendibilidade			ALFA			CAE 25620 – Micro empresas		
			2013	2012	2011	2013	2012	2011
Modelo multiplicativo da rendibilidade do capital próprio								
	1	RO/VN	0.9%	5.7%	8.0%	4.4%	2.6%	3.0%
	2	VN/A	68.7%	71.6%	80.8%	66.7%	62.9%	67.4%
P. Investimento		**1x2**	**0.6%**	**4.1%**	**6.5%**	**2.9%**	**1.6%**	**2.0%**
	3	RCO/RO	68.0%	92.7%	92.6%	80.2%	61.6%	61.1%
	4	A/C'P	233.7%	239.5%	202.3%	292.4%	288.6%	314.4%
P. Financiamento		**3x4**	**158.8%**	**222.1%**	**187.3%**	**234.6%**	**177.8%**	**192.1%**
Efeito não corrente	5	RAI/RCO	**84.5%**	**-198.6%**	**100.0%**			
Área fiscal	6	RLP/RAI	**14.4%**	**102.9%**	**76.3%**	**44.1%**	**-18.4%**	**32.0%**
RLP/C'P		1x2x3x4x5x6	**0.12%**	**-18.50%**	**9.29%**	**3.0%**	**-0.5%**	**1.2%**
Modelo aditivo da rendibilidade do capital próprio								
	1	ROA	0.6%	4.1%	6.5%	2.9%	1.6%	2.0%
P. Investimento		**1**	**0.6%**	**4.1%**	**6.5%**	**2.9%**	**1.6%**	**2.0%**
	2	CMCA	0.3%	0.5%	0.9%	0.9%	1.1%	1.2%
	3	CA/C'P	133.7%	139.5%	102.3%	192.4%	188.6%	214.4%
	4	ROA – CMCA	0.3%	3.6%	5.6%	2.0%	0.5%	0.8%
P. Financiamento		**3x4**	**0.4%**	**5.0%**	**5.7%**	**3.8%**	**1.0%**	**1.7%**
Efeito não corrente	5	RAI/RCO	**84.5%**	**-198.6%**	**100.0%**			
Área fiscal	6	RLP/RAI	**14.4%**	**102.9%**	**76.3%**	**44.1%**	**-18.4%**	**32.0%**
RLP/C'P		(1+(3x4))x5x6	**0.12%**	**-18.50%**	**9.29%**	**3.0%**	**-0.5%**	**1.2%**

EXERCÍCIOS DE ANÁLISE FINANCEIRA

Observando os vários fatores e centrando a comparação no último ano do período em análise, verificamos que a rotação do ativo da empresa Alfa é ligeiramente superior à média (68.7% contra 66.7%), mas a margem operacional fica muito aquém do valor médio do setor (0.9% contra 4.4%), sendo que se verifica uma deterioração da margem ao longo do período. Esta situação resulta principalmente da diminuição da margem bruta, isto é (VN-CMVMC) / VN, de 45% em 2012 e 2011 para 41% em 2013, e da diminuição do volume de negócios.

Acresce que o peso das amortizações é superior à média do setor, o que se justifica dado o maior peso do ativo fixo líquido, mas penaliza a empresa na comparação com os pares. De facto, embora a rotação do ativo esteja relativamente em linha com os valores de referência do setor, se analisarmos a rotação do ativo fixo líquido verificamos que existe uma diferença significativa em termos de eficiência.

Rendibilidade		ALFA			CAE 25620 – Micro empresas		
		2013	2012	2011	2013	2012	2011
Rotação AFL	VN/AFL	1.16	1.15	1.22	2.40	2.04	2.27

Quanto ao efeito da política de financiamento, em 2013, verifica-se que a estrutura de financiamento da empresa contribui positivamente para a rendibilidade do capital próprio, sendo o efeito de alavanca financeira positivo (ROA>CMCA), mas aquém do efeito que o mesmo tem em média no setor (0,3% vs. 2%). Todavia, neste modelo o "CMCA" corresponde ao custo médio de todo o passivo, sendo que parte dele é gerado automaticamente pela exploração, portanto sem custos financeiros explícitos, pelo que este indicador deve ser lido com prudência, tanto mais que, no caso da empresa Alfa, o valor está demasiado próximo do zero e uma pequena alteração no custo dos financiamentos resultaria num efeito negativo. Além disso, é de referir que o setor apresenta uma alavancagem financeira superior à empresa, o que contribui para a diferença de rendibilidades já referida.

Na área fiscal, verifica-se uma oscilação dos valores no período em análise, no entanto, revelador de um peso dos impostos claramente superior à média do setor e em contra ciclo com o mesmo, o que pode ser interpretado como um ponto fraco.

Para análise da rendibilidade, do investimento total e dos capitais próprios, parece-nos mais realista considerar o capital investido (AF+NFM+EAT) em alternativa ao ativo total, uma vez que parte das necessidades cíclicas são financiadas com recursos cíclicos não remunerados. Abaixo são apresentados os dois modelos de decomposição considerando esta especificação.

Rendibilidade			ALFA		
			2013	2012	2011
Modelo multiplicativo da rendibilidade do capital próprio					
	1	RO/VN	0.9%	5.7%	8.0%
	2	VN/CI	83.0%	83.2%	92.2%
P. Investimento		1x2	**0.7%**	**4.7%**	**7.4%**
	3	RCO/RO	68.0%	92.7%	92.6%
	4	CI/C'P	193.4%	205.9%	177.3%
P. Financiamento		3x4	**131.5%**	**190.9%**	**164.2%**
Efeito não corrente	5	RAI/RCO	**84.5%**	**-198.6%**	**100.0%**
Área fiscal	6	RLP/RAI	**14.4%**	**102.9%**	**76.3%**
RLP/C'P		1x2x3x4x5x6	**0.12%**	**-18.50%**	**9.29%**
Modelo aditivo da rendibilidade do capital próprio					
	1	ROCI	0.7%	4.7%	7.4%
P. Investimento		1	**0.7%**	**4.7%**	**7.4%**
	2	CMDF	0.5%	0.7%	1.3%
	3	CA/C'P	93.4%	105.9%	77.3%
	4	ROCI – CMCA	0.2%	4.1%	6.2%
P. Financiamento		3x4	**0.2%**	**4.3%**	**4.8%**
Efeito não corrente	5	RAI/RCO	**84.5%**	**-198.6%**	**100.0%**
Área fiscal	6	RLP/RAI	**14.4%**	**102.9%**	**76.3%**
RLP/C'P		(1+(3x4))x5x6	**0.12%**	**-18.50%**	**9.29%**

Existindo recursos cíclicos diferentes de zero, é fácil observar o efeito imediato da alteração: melhoria do indicador do efeito da política de investimento (ROCI); aumento do indicador do custo do financiamento (uma vez que este foi calculando dividindo os juros de cada ano pelo somatório

EXERCÍCIOS DE ANÁLISE FINANCEIRA

dos recursos alheios estáveis e dos elementos passivos de tesouraria). Neste caso, o efeito conjugado das alterações anteriores resulta numa diminuição do indicador do efeito da política de financiamento (IAF).

Todavia, é de salientar que uma parte significativa do financiamento de curto prazo corresponde a empréstimos dos sócios para os quais não foi atribuída qualquer remuneração, pelo que o custo médio da dívida financeira não reflete o custo médio dos empréstimos bancários. Por conseguinte, quando referimos que o efeito de alavanca é positivo, temos que ter em conta que os encargos financeiros seriam significativamente superiores se a empresa recorresse mais à banca ou se os sócios exigissem uma remuneração pelos empréstimos que concedem à sociedade.

A situação que acabamos de descrever ilustra bem a necessidade de contextualizar a análise, pois uma leitura dos rácios sem mais poderia conduzir a conclusões erróneas. Neste caso, os sócios não só não receberam uma remuneração satisfatória do capital aplicado na empresa, como também não receberam qualquer remuneração dos empréstimos que concederam à sociedade, o que não é sustentável. Contudo, os sócios trabalham na empresa e auferem outro tipo de remunerações que de algum modo compensam esta situação.

Por outro lado, considerando que a empresa não distribui o resultado líquido do último exercício, ou seja, considerando uma taxa de retenção de 100%, a taxa de crescimento sustentável seria igual à rendibilidade do capital próprio, ou seja 0.12%, o que significa que a empresa só estaria em condições de manter a mesma estrutura de financiamento se o crescimento fosse apenas de 0.12%. Assim sendo, tendo em conta que é desejável que a empresa aumente as suas vendas e supondo que o consegue, será necessário aumentar o endividamento ou proceder a um aumento de capital.

Finalmente, para determinar se a empresa cria valor para os seus proprietários, temos que considerar o custo de oportunidade, ou seja a remuneração que poderiam obter investindo em outros projetos com idêntico risco. Acresce que em pequenos negócios não se pode considerar apenas o risco sistemático, pois o risco específico, nestes casos, apenas pode ser diversificado parcialmente. Assim, não é exagerado, antes pelo contrário, assumir um custo do capital próprio de 12%.

Com base neste valor foi calculado o resultado residual, conforme apresentado no quadro abaixo, verificando-se que o mesmo é negativo em todos os anos em análise, pelo que, sem considerar remunerações de trabalho, que têm alguma relevância no caso em análise, podemos dizer que a empresa não tem criado valor para os sócios. Acresce que a rendibilidade obtida fica aquém da média do setor, de uma forma geral, permitindo concluir que a empresa não está a rentabilizar adequadamente os recursos que tem à sua disposição.

	2013	2012	2011
RLP	€232.09	-€36,215.43	€22,044.40
Ke	12%	12%	12%
ke*C'P$_{ip}$	€23,496.44	€28,475.52	n.d.
RR	**-€23,264.37**	**-€64,690.95**	**n.d.**

Em resumo, com base nesta análise, é possível afirmar que a empresa não constitui um caso de investimento atrativo. Todavia e apesar da deterioração dos resultados no triénio em análise, a empresa apresenta uma margem EBITDA superior à média do setor, o que pode ser considerado um aspeto favorável.

6.1.4. Análise do Risco

A incerteza pode ser transformada em "risco" quando são determinadas probabilidades, sendo que, neste caso, interessa sobretudo a probabilidade de ocorrência de determinados acontecimentos suscetíveis de afetar, direta ou indiretamente, a empresa, bem como o momento em que tais factos se possam vir a manifestar.

De facto, pode-se gerir o risco, mas não a incerteza, o que torna particularmente crítica esta análise, sendo que aqui serão apenas considerados alguns indicadores, tendo a mesma um caráter mais limitado, tanto mais que não serão considerados aspetos importantes, tais como, por exemplo, a existência de uma procura adequada, de tecnologia competitiva e de capacidade de gestão. Todavia, esta análise não deixa de ser útil para determinar indícios de situações que devem merecer uma maior atenção por parte da equipa de gestão.

No quadro abaixo (valores em euros), apresentamos um resumo da informação necessária para a análise que se segue.

EXERCÍCIOS DE ANÁLISE FINANCEIRA

RUBRICAS	SIGLA	N	N-1	N-2
Volume de Negócios	VN	315,206.68	335,602.92	387,829.42
Outros Rendimentos Operacionais	ORO	1,075.95	746.25	3,924.62
Produção	**PRO = VN + ORO**	**316,282.63**	**336,349.17**	**391,754.04**
Gastos Operacionais Variáveis	GOV	211,840.33	215,381.62	244,899.74
Margem de Contribuição	**MC = PROD − GOV**	**104,442.30**	**120,967.55**	**146,854.30**
Gastos Operacionais Fixos	GOF	101,635.46	101,844.85	115,649.99
Resultados Operacionais	**RO = MC − GOF**	**2,806.84**	**19,122.70**	**31,204.31**
Encargos Financeiros Líquidos	EFL	899.25	1,392.95	2,304.83
Resultados Correntes	**RCO = RO − EFL**	**1,907.59**	**17,729.75**	**28,899.48**
Resultados não correntes	**RNC**	**− 295.00**	**− 52,933.56**	**0.00**
Resultados antes de impostos	**RAI = RCO + RNC**	**1,612.59**	**-35,203.81**	**28,899.48**
Impostos	T	1,380.50	1,011.62	6,855.08
Resultado Líquido do Período	**RLP= EBT − T**	**232.09**	**-36,215.43**	**22,044.40**

Com base nesta informação determinámos o ponto crítico operacional e a correspondente margem de segurança, o grau de alavancagem operacional (GAO), o grau de alavancagem financeira (GAF) e o grau de alavancagem combinada (GAC), conforme quadro abaixo.

Análise do Risco		ALFA		
		2013	2012	2011
Ponto crítico	GOF / (MC / PRO)	€307,782.68	€283,178.68	€308,512.25
Margem de segurança	1- GOF / MC	3%	16%	21%
GAO	MC / RO	37.21	6.33	4.71
GAF	RO / RCO	1.47	1.08	1.08
GAC	GAO * GAF	54.75	6.82	5.08

Em primeiro lugar, para avaliar o risco operacional, iremos determinar o ponto crítico das vendas, ou seja, o nível de produção necessário para cobrir os gastos fixos, dada a margem de contribuição. A margem de contribuição como já foi referido é calculada subtraindo os gastos variáveis ao valor da produção, sendo que, neste caso, para além do custo das mercadorias vendidas e matérias consumidas, considerámos a totalidade dos fornecimentos e serviços externos como gastos variáveis, uma vez que a análise desta rubrica revela que a maior parte dos gastos inscritos dependem da atividade da empresa, sendo de destacar que os gastos com combustíveis representam cerca de 40% da mesma.

Analisando os valores do ponto crítico, nomeadamente o valor obtido no último ano, que reflete melhor a realidade atual da empresa, desde logo, verificamos que o valor do ponto crítico operacional é muito próximo do valor da produção desse ano, apresentando a empresa uma margem de segurança mínima. De facto, se a atividade registar uma diminuição superior a 3%, mantendo a mesma estrutura de gastos, a empresa apresentará um resultado operacional negativo, o que é preocupante, dada a tendência de quebra das vendas observada ao longo do período em análise. Esta situação também pode ser analisada através do grau de alavancagem operacional, sendo que a uma variação de 1% na produção, corresponderia a uma variação de 37,21% no resultado operacional, o que se traduz num risco operacional elevado, muito superior ao valor da média aparada das empresas de dimensão semelhante com o mesmo código de atividade económica que foi de 4,60 nesse ano. Acresce que o risco operacional aumentou significativamente e de forma consistente ao longo do triénio.

Quanto ao risco financeiro, a situação é favorável quando comparada com a média do setor (1,47 contra 2,21 em 2013), embora seja evidente um agravamento deste indicador ao longo dos últimos anos. Todavia, recordamos que grande parte do financiamento de curto prazo é assegurado pelos sócios, sem qualquer remuneração, o que não pode ser considerado uma situação normal, sendo que uma alteração da mesma poderá resultar num agravamento do risco financeiro.

Consequentemente, em termos globais, obtemos um grau de alavanca combinado bastante elevado no último ano do período em análise, que se traduz num risco elevado, que resulta principalmente do risco operacional que a empresa apresenta.

6.1.5. Síntese e perspetivas de evolução futura

Pelo exposto, podemos concluir que o negócio da empresa apresenta um risco elevado, verificando-se uma tendência de quebra nas vendas que é preocupante, tanto mais que a atividade já se encontra próxima do ponto crítico no último ano, e, sendo os gastos com pessoal o custo fixo mais relevante, já ocorreu uma diminuição de número de pessoas ao serviço da empresa em 2012 (de 5 para 4 pessoas), não se perspetivando a possibilidade de uma nova redução no quadro de pessoal, o que aliás também poderia ter consequências negativas ao nível das vendas.

Por outro lado, verifica-se que a empresa não está a ser eficiente na utilização dos recursos à sua disposição, apresentando uma baixa rendibilidade no último ano em análise, significativamente inferior à média do setor em que se insere.

Acresce que a empresa apresenta um desequilíbrio financeiro estrutural ao longo do triénio, não conseguindo financiar a totalidade das aplicações fixas líquidas através de recursos estáveis, apesar de registar uma autonomia financeira superior à média do setor.

Em termos de funcionamento, a empresa apresenta um prazo médio de recebimentos e uma duração média de inventários superior à média do setor, revelando alguma ineficiência ou, eventualmente, dificuldades comerciais, não sendo os recursos cíclicos suficientes para fazer face às necessidades cíclicas. De facto, a tesouraria líquida é negativa e a empresa tem sido forçada a recorrer aos sócios e à banca para cumprir com os seus compromissos.

Por último, de forma a facilitar uma leitura integrada e realizar uma avaliação global, tendo em conta a comparação efetuada com o setor, apresentamos abaixo um quadro com os principais pontos fortes e pontos fracos detetados na análise.

Área	Pontos fortes	Pontos fracos
Financeira	Boa autonomia financeira, superior à média do setor.	Situação financeira desequilibrada, sendo as NC e parte do AFL financiados com operações de tesouraria; Aplicações de curto prazo insuficientes para fazer face aos compromissos correntes; Estrutura de financiamento desfavorável; Duração e deterioração do ciclo operacional.
Económica	Margem EBITDA superior à média do setor; Baixo peso dos encargos financeiros.	Diminuição consecutiva das vendas no triénio, mais acentuada que a verificada no setor; Rotação do AFL desfavorável; Rendibilidades reduzidas e inferiores à média do setor, não assegurando uma adequada remuneração dos capital investido.
Risco	Baixo risco financeiro, inferior à média do setor.	Risco operacional elevado.

Em síntese, a empresa não está a criar valor para os detentores de capital próprio, apresenta uma situação de desequilíbrio financeiro e elevado risco, manifesta uma relativa ineficiência na utilização dos ativos e a rendibilidade obtida nos últimos anos não é adequada face ao risco do investimento. Assim sendo, são apresentadas de seguida algumas recomendações, ainda que, tal como já referido, existam algumas especificidades neste caso e algumas limitações que convém ter presentes.

Na realidade, uma análise económico-financeira apresenta sempre limitações, servindo essencialmente para revelar situações que merecem ser investigadas para acautelar o futuro da organização. Entre outros constrangimentos, é de destacar que a seleção de um padrão de comparação não é normalmente tarefa fácil. Além disso, estar na média do setor não pode ser encarado como um objetivo desejável.

Salvaguardando as limitações referidas e tendo em conta as pistas fornecidas pela análise efetuada, é possível indicar algumas recomendações.

Em primeiro lugar, as vendas são uma variável crítica, sendo a sua diminuição ao longo do triénio preocupante. Não parecendo viável uma redução dos gastos fixos, para atingir resultados aceitáveis que permitam remunerar adequadamente os capitais investidos, será necessário aumentar as vendas, uma vez que a margem EBITDA está acima da média do setor, não existindo grande margem de melhoria. Para esse efeito, a empresa deverá procurar novas oportunidades de crescimento, sendo recomendável a realização de uma análise estratégica.

Por outro lado, deverá ser investigada a deterioração do prazo médio de recebimentos e o aumento da duração de inventários, no sentido de procurar reduzir a duração do ciclo operacional e, por conseguinte, as necessidades de fundo de maneio.

Além disso, tendo em conta o peso do ativo fixo líquido e a baixa rotação do mesmo, talvez seja possível vender ativos que não sejam absolutamente necessários para a prossecução da atividade, beneficiando não só a situação financeira da empresa, mas também a sua eficiência.

Por último, esta análise deveria ser complementada com demonstrações financeiras previsionais, para elaboração das quais seria necessário obter informação de que não dispomos, quer em relação aos investimentos previstos pela equipa de gestão, quer quanto à expectável evolução do ambiente competitivo.

6.2. Caso Beta

Sumário Executivo

No presente relatório é realizada a análise financeira da empresa Beta, referente aos anos 2011, 2012 e 2013, tendo como base a informação disponibilizada pela empresa, nomeadamente as demonstrações financeiras. A empresa Beta, dedica-se à prestação de serviços de manutenção elétrica e bobinagem de motores, e tem como principais clientes os setores da manutenção naval e a indústria transformadora.

A empresa tem registado um crescimento significativo da sua atividade, que resulta da qualidade dos serviços prestados, e, embora seja uma micro empresa de cariz familiar, tem uma dimensão relativamente maior que a média das empresas do setor em que se insere. Para dar continuidade à estratégia de crescimento e manter a sua competitividade, a empresa tem em curso uma candidatura a fundos comunitários, que tenciona aplicar na aquisição de equipamentos, modernização das instalações e contratação de pessoal.

O aumento do volume de negócios, em contra ciclo com o setor, permitiu uma melhoria considerável da rendibilidade, principalmente no último ano, bem como uma diminuição do seu perfil de risco. Por outro lado, a empresa apresenta uma estrutura financeira equilibrada, que reforçou no período em análise, registando-se uma evolução favorável dos meios financeiros. No entanto, a estrutura financeira poderia ser otimizada tendo em conta o efeito de alavanca financeira positivo, sendo oportuno equacionar um aumento do rácio de endividamento, tanto mais que se encontra numa fase de investimento. Adicionalmente, recomenda-se uma revisão da política de concessão de crédito aos clientes, uma vez que parece existir uma margem considerável de melhoria, atendendo à discrepância que se verifica entre o prazo médio de recebimentos da empresa e a média do setor para empresas de dimensão semelhante.

6.2.1. Enquadramento

A empresa Beta iniciou a sua atividade em 1995 e tem por objeto social a prestação de serviços de manutenção elétrica e bobinagem de motores a vários setores, destacando-se a manutenção naval e a indústria transformadora. Dada a experiência anterior do fundador, a empresa começou por executar trabalhos de manutenção e bobinagem de motores em embarcações de pesca, diversificando depois a sua área de atuação através da prestação de serviços à indústria transformadora (indústria de papel, vidreira e conserveira, entre outras), representando esta última cerca de 75% do seu volume de negócios na atualidade.

Trata-se de uma micro empresa de cariz familiar, onde trabalha o sócio fundador e um familiar próximo, que se insere no setor da manutenção e reparação de equipamento elétrico (CAE 33140), constituído por maioritariamente por micro empresas (em 2013, constam da central de balanços do BdP 142 empresas, entre as quais 127 são micro empresas), pelo que, para efeito de comparação, iremos considerar os dados da central de balanços do Banco de Portugal referentes a empresas desta dimensão, com o código de atividade económica 33140. Sempre que possível, em alternativa à média agregada, será utilizada a média aparada, que exclui os valores extremos da distribuição.

A empresa tem como fornecedores as principais marcas de motores elétricos, tais como a Grundfos e a Weg (Efacec) e recorre habitualmente ao *outsourcing* na área da retificação e equilíbrio de motores. Todavia, a empresa pretende investir nesta última área, estando em curso uma candidatura a fundos comunitários, para esse efeito. O significativo crescimento obtido nos últimos anos, quer no segmento das empresas quer na manutenção naval, resulta do reconhecimento da qualidade da prestação de serviços nesta área, mas está limitado pelas condições de que dispõe em termos de espaço, pelo que o investimento na modernização das instalações também foi objeto de candidatura.

O investimento atrás referido é essencial para o crescimento da empresa e também para dar resposta às solicitações dos clientes, uma vez que a exigência é cada vez maior, à medida que o nível de sofisticação dos equipamentos aumenta. Além disso, o aumento da área produção permitirá à empresa alargar a sua oferta, reforçando a sua competitividade e ocupando espaços que de outra forma poderiam ser aproveitados pelos concorrentes. Complementarmente, a empresa tenciona também recrutar mais um técnico especialista em manutenção, aumentando o quadro de pessoal, de 5 para 6 pessoas.

A informação recolhida permite assumir como verdadeiras e apropriadas as demonstrações financeiras fornecidas e apresentadas em abaixo, e não será desenvolvida a análise do ambiente competitivo.

EXERCÍCIOS DE ANÁLISE FINANCEIRA

BALANÇO	2013	2012	2011
ATIVO			
Ativo não corrente			
Ativos fixos tangíveis	11,090.95 €	12,587.54 €	15,954.03 €
Ativos intangíveis	3,990.38 €	3,990.38 €	3,990.38 €
Investimentos financeiros	749.83 €	749.83 €	749.83 €
	15,831.16 €	**17,327.75 €**	**20,694.24 €**
Ativo Corrente			
Inventários	5,031.85 €	13,214.45 €	10,207.46 €
Clientes	187,770.48 €	171,762.48 €	162,631.78 €
Estados e outros entes públicos		671.57 €	3,923.21 €
Acionistas/sócios			
Diferimentos	1,640.73 €	1,519.25 €	642.12 €
Outros ativos correntes	82.80 €	82.80 €	82.80 €
Caixa e depósitos bancários	88,614.80 €	59,345.27 €	55,557.20 €
	283,140.66 €	**246,595.82 €**	**233,044.57 €**
Total do ativo	**298,971.82 €**	**263,923.57 €**	**253,738.81 €**
CAPITAL PRÓPRIO E PASSIVO			
Capital próprio			
Capital realizado	5,000.00 €	5,000.00 €	5,000.00 €
Prémios de emissão			
Reservas legais	5,722.58 €	5,537.55 €	5,480.61 €
Outras reservas			
Resultados transitados	108,163.92 €	104,648.32 €	103,366.48 €
Excedentes de revalorização			
Outras variações no capital próprio			
Resultado líquido do período	22,744.67 €	3,700.63 €	1,338.78 €
Total do capital próprio	**141,631.17 €**	**118,886.50 €**	**115,185.87 €**
PASSIVO			
Passivo não corrente			
Acionistas			
Financiamentos obtidos	49,095.00 €	43,720.00 €	49,010.36 €
Outras contas a pagar			
	49,095.00 €	**43,720.00 €**	**49,010.36 €**
Passivo corrente			
Fornecedores	61,195.18 €	64,100.30 €	45,227.58 €
Estado e outros entes públicos	15,749.89 €	8,857.33 €	9,951.53 €
Acionistas/sócios	31,300.58 €	23,460.58 €	29,460.58 €
Financiamentos obtidos			
Outros passivos correntes	– €	4,898.86 €	4,902.89 €
	108,245.65 €	**101,317.07 €**	**89,542.58 €**
Total do passivo	**157,340.65 €**	**145,037.07 €**	**138,552.94 €**
Total do capital próprio e do passivo	**298,971.82 €**	**263,923.57 €**	**253,738.81 €**

6. O RELATÓRIO DE ANÁLISE ECONÓMICA E FINANCEIRA GLOBAL

DEMONSTRAÇÃO DE RESULTADOS	2013	2012	2011
Vendas e serviços prestados	300,711.27 €	244,911.52 €	205,118.67 €
Subsídios à exploração			
Variação nos inventários da produção		-2,055.00 €	1,507.50 €
Trabalhos para a própria entidade			
Custos das mercadorias vendidas e das matérias consumidas	108,298.19 €	78,946.26 €	63,549.83 €
Fornecimentos e serviços externos	44,440.89 €	49,817.04 €	30,654.50 €
Gastos com o pessoal	104,176.60 €	102,462.58 €	98,481.27 €
Imparidade de inventários (perdas/reversões)			
Imparidade de dívidas a receber (perdas/reversões)			
Provisões (aumentos/reduções)			
Outras imparidades (perdas/reversões)			
Aumentos/reduções de justo valor			
Outros rendimentos e ganhos	3,053.45 €	6,796.19 €	4,591.36 €
Outros gastos e perdas	9,220.44 €	8,589.71 €	11,385.43 €
Resultado antes de depreciações, gastos de financiamentos e impostos	**37,628.60 €**	**9,837.12 €**	**7,146.50 €**
Gastos/reversões de depreciação e de amortização	3,561.59 €	3,366.49 €	3,333.86 €
Resultado operacional (antes de gastos de financiamento e impostos)	**34,067.01 €**	**6,470.63 €**	**3,812.64 €**
Juros e rendimentos similares obtidos			
Juros e gastos similares suportados	2,993.89 €	1,079.93 €	1,992.95 €
Resultado antes de impostos	**31,073.12 €**	**5,390.70 €**	**1,819.69 €**
Imposto sobre o rendimento do período	8,328.45 €	1,690.07 €	480.91 €
Resultado líquido do período	**22,744.67 €**	**3,700.63 €**	**1,338.78 €**

EXERCÍCIOS DE ANÁLISE FINANCEIRA

6.2.2. Análise da área financeira

Embora seja privilegiada a análise funcional, iremos começar por utilizar uma abordagem tradicional para avaliar a situação patrimonial da empresa Beta, tendo em conta o caráter pedagógico do caso.

Quanto ao equilíbrio de longo prazo, verificamos que a empresa em análise apresenta uma estrutura financeira equilibrada, registando uma autonomia financeira superior a 45% ao longo do triénio (47%, em 2013), que nos parece adequada, e que se encontra em linha com os dados do setor (média aparada de 40%, em 2013).

Centrando a nossa atenção no ativo, desde logo, é de referir o crescimento registado nos últimos dois anos em análise (13% em 2013 e 4% em 2012) que resulta naturalmente do acréscimo de atividade. Analisando as componentes do ativo, verifica-se que este é maioritariamente constituído por ativo corrente, que representa 95% do ativo total no último ano em análise, o que se justifica tendo em conta a atividade desenvolvida, que envolve a prestação de serviços. Assim sendo, a cobertura do ativo fixo por capitais permanentes é facilmente assegurada, atendendo aos capitais próprios que a empresa apresenta.

Quanto ao passivo, não se registam alterações significativas ao longo do triénio em análise, representando o passivo corrente a cerca de 70% do passivo total no último ano, sendo a rubrica mais significativa a conta de fornecedores que corresponde a 20% do ativo em 2013 (24% em 2012; 18% em 2011). O passivo não corrente é constituído por financiamentos bancários de médio e longo prazo e corresponde a 16% do ativo no ano 2013, verificando-se uma redução do seu peso relativo (17% do ativo em 2012; 19% do ativo em 2011), dado o aumento do ativo total.

Para analisar o equilíbrio de curto prazo foram calculados os indicadores de liquidez geral e de liquidez reduzida, conforme tabela abaixo.

Equilíbrio de curto prazo (patrimonial)		BETA			CAE 33140 – Micro empresas		
		2013	2012	2011	2013	2012	2011
Liquidez geral	AC / PC	2.62	2.43	2.60	3.37	3.13	3.25
Liquidez reduzida	(AC-INV) / PC	2.57	2.30	2.49	3.10	2.73	2.94

Quer a liquidez geral quer a liquidez reduzida refletem uma situação confortável, com o ativo corrente a cobrir mais de duas vezes o passivo corrente, mesmo sem considerar os inventários. Todavia, comparando com a média aparada do setor, verificamos que o valor destes indicadores é inferior à média em todos os casos, sugerindo que este é um fator menos favorável, ainda que não mereça preocupação, visto que o equilíbrio financeiro a curto prazo parece estar assegurado.

Passando agora para uma abordagem funcional, foram reorganizadas as massas patrimoniais de acordo com os ciclos financeiros (ciclo de exploração, ciclo de investimento e ciclo financeiro), obtendo o balanço funcional que se segue. Tanto quanto nos foi possível apurar, não existem situações que justifiquem ajustamentos. Eventualmente, poderiam ser objeto de cuidado a rubrica de "outros passivos correntes", contudo estes não se encontram especificados na informação que nos foi disponibilizada pela empresa; além disso, a compensação de saldos efetuada pela empresa, no que diz respeito ao impostos sobre o rendimento, também não permite a consideração da estimativa do IRC como EPT e dos pagamentos por conta como EAT. Para facilitar a leitura do mesmo, foram calculadas as percentagens de cada rubrica face ao ativo total, bem como as variações em termos absolutos e relativos. Sempre que se justifique, os valores serão comparados com as médias do setor, de forma a relativizar os valores obtidos.

EXERCÍCIOS DE ANÁLISE FINANCEIRA

BALANÇO FUNCIONAL	2013	2012	2011
ATIVO			
Aplicações Fixas Líquidas			
Ativos fixos tangíveis	11,090.95 €	12,587.54 €	15,954.03 €
Ativos intangíveis	3,990.38 €	3,990.38 €	3,990.38 €
Investimentos financeiros	749.83 €	749.83 €	749.83 €
	15,831.16 €	**17,327.75 €**	**20,694.24 €**
Necessidades Cíclicas			
Inventários	5,031.85 €	13,214.45 €	10,207.46 €
Clientes	187,770.48 €	171,762.48 €	162,631.78 €
Estados e outros entes públicos	– €	671.57 €	3,923.21 €
Acionistas/sócios			
Diferimentos	1,640.73 €	1,519.25 €	642.12 €
Outros ativos correntes	82.80 €	82.80 €	82.80 €
	194,525.86 €	**187,250.55 €**	**177,487.37 €**
Tesouraria Ativa			
Caixa e depósitos bancários	88,614.80 €	59,345.27 €	55,557.20 €
	88,614.80 €	**59,345.27 €**	**55,557.20 €**
Total do Ativo	**298,971.82 €**	**263,923.57 €**	**253,738.81 €**
CAPITAL PRÓPRIO E PASSIVO			
Recursos Estáveis			
Capital realizado	5,000.00 €	5,000.00 €	5,000.00 €
Prémios de emissão			
Reservas legais	5,722.58 €	5,537.55 €	5,480.61 €
Outras reservas			
Resultados transitados	108,163.92 €	104,648.32 €	103,366.48 €
Excedentes de revalorização			
Resultado líquido do período	22,744.67 €	3,700.63 €	1,338.78 €
Total do capital próprio	141,631.17 €	118,886.50 €	115,185.87 €
Financiamentos obtidos	49,095.00 €	43,720.00 €	49,010.36 €
Outras contas a pagar			
	190,726.17 €	**162,606.50 €**	**164,196.23 €**
Recursos Cíclicos			
Fornecedores	61,195.18 €	64,100.30 €	45,227.58 €
Estado e outros entes públicos	15,749.89 €	8,857.33 €	9,951.53 €
Outros passivos correntes	– €	4,898.86 €	4,902.89 €
Diferimentos	– €	– €	– €
	76,945.07 €	**77,856.49 €**	**60,082.00 €**
Tesouraria Passiva			
Acionistas/sócios	31,300.58 €	23,460.58 €	29,460.58 €
Financiamentos obtidos	– €	– €	– €
	31,300.58 €	**23,460.58 €**	**29,460.58 €**
Total do capital próprio e do passivo	**298,971.82 €**	**263,923.57 €**	**253,738.81 €**

6. O RELATÓRIO DE ANÁLISE ECONÓMICA E FINANCEIRA GLOBAL

BALANÇO FUNCIONAL	2013	2012	2011	Δ 2013/2012 (€)	Δ 2012/2011 (€)	Δ 2013/2012 (%)	Δ 2012/2011 (%)
ATIVO							
Aplicações Fixas Líquidas							
Ativos fixos tangíveis	4%	5%	6%	-1,496.59	-3,366.49	-12%	-21%
Ativos intangíveis	1%	2%	2%	0.00	0.00	0%	0%
Investimentos financeiros	0%	0%	0%	0.00	0.00	0%	0%
	5%	**7%**	**8%**	**-1,496.59**	**-3,366.49**	**-9%**	**-16%**
Necessidades Cíclicas							
Inventários	2%	5%	4%	-8,182.60	3,006.99	-62%	29%
Clientes	63%	65%	64%	16,008.00	9,130.70	9%	6%
Estados e outros entes públicos	0%	0%	2%	-671.57	-3,251.64	-100%	-83%
Acionistas/sócios	0%	0%	0%				
Diferimentos	1%	1%	0%	121.48	877.13	8%	137%
Outros ativos correntes	0%	0%	0%	0.00	0.00	0%	0%
	65%	**71%**	**70%**	**7,275.31**	**9,763.18**	**4%**	**6%**
Tesouraria Ativa							
Caixa e depósitos bancários	30%	22%	22%	29,269.53	3,788.07	49%	7%
	30%	**22%**	**22%**	**29,269.53**	**3,788.07**	**49%**	**7%**
Total do Ativo	**100%**	**100%**	**100%**	**35,048.25**	**10,184.76**	**13%**	**4%**
CAPITAL PRÓPRIO E PASSIVO							
Recursos Estáveis							
Capital realizado	2%	2%	2%	0.00	0.00	0%	0%
Prémios de emissão							
Reservas legais	2%	2%	2%	185.03	56.94	3%	1%
Outras reservas							
Resultados transitados	36%	40%	41%	3,515.60	1,281.84	3%	1%
Excedentes de revalorização							
Resultado líquido do período	8%	1%	1%	19,044.04	2,361.85	515%	176%
Total do capital próprio	47%	45%	45%	22,744.67	3,700.63	19%	3%
Financiamentos obtidos	16%	17%	19%	5,375.00	-5,290.36	12%	-11%
Outras contas a pagar							
	64%	**62%**	**65%**	**28,119.67**	**-1,589.73**	**17%**	**-1%**
Recursos Cíclicos							
Fornecedores	20%	24%	18%	-2,905.12	18,872.72	-5%	42%
Estado e outros entes públicos	5%	3%	4%	6,892.56	-1,094.20	78%	-11%
Outros passivos correntes	0%	2%	2%	-4,898.86	-4.03	-100%	0%
Diferimentos							
	26%	**29%**	**24%**	**-911.42**	**17,774.49**	**-1%**	**30%**
Tesouraria Passiva							
Acionistas/sócios	10%	9%	12%	7,840.00	-6,000.00	33%	
Financiamentos obtidos							
	10%	**9%**	**12%**	**7,840.00**	**-6,000.00**	**33%**	**-20%**
Total do capital próprio e do passivo	**100%**	**100%**	**100%**	**35,048.25**	**10,184.76**	**13%**	**4%**

EXERCÍCIOS DE ANÁLISE FINANCEIRA

Para avaliação da situação financeira, numa perspetiva funcional, determinámos o fundo de maneio, as necessidades de fundo de maneio e a tesouraria liquida, conforme quadro que se apresenta de seguida (valores em euros).

RUBRICAS	SIGLA	2013	2012	2011
Capitais estáveis	CE	190,726.17	162,606.50	164,196.23
Ativos fixos	AF	15,831.16	17,327.75	20,694.24
Fundo de maneio	**FM = CE − AF**	**174,895.01**	**145,278.75**	**143,501.99**
Necessidades cíclicas	NC	194,525.86	187,250.55	177,487.37
Recursos cíclicos	RC	76,945.07	77,856.49	60,082.00
Necessidades em fundo de maneio	**NFM = NC − RC**	**117,580.79**	**109,394.06**	**117,405.37**
Tesouraria líquida	**TL = FM − NFM**	**57,314.22**	**35,884.69**	**26,096.62**
Elementos ativos de tesouraria	EAT	88,614.80	59,345.27	55,557.20
Elementos passivos de tesouraria	EPT	31,300.58	23,460.58	29,460.58
Tesouraria líquida	**TL = EAT − EPT**	**57,314.22**	**35,884.69**	**26,096.62**

Como se pode constatar, o ativo fixo é inteiramente financiado por capitais estáveis, apresentando a empresa um fundo de maneio de 174.895,01€ em 2013, verificando-se um aumento do mesmo ao longo do triénio, principalmente no último ano, no qual se regista um significativo aumento do capital próprio (+22.744,67€) e também dos empréstimos bancários não correntes (+5.375,00€). O aumento do capital próprio acontece por via dos resultados líquidos obtidos, que a empresa tem optado por reter na sua totalidade.

Por outro lado, regista-se um aumento das necessidades cíclicas ao longo do período em análise, decorrente essencialmente da conta de clientes (+9.130,70€ em 2012; +16.008,00€ em 2013), justificado, desde logo, pela maior atividade da empresa. Todavia, o fundo de maneio é suficiente para fazer face às necessidades de fundo de maneio, apresentando a empresa uma tesouraria líquida positiva, com valores cada vez mais favoráveis, cifrando-se em 57.314,22€ em 2013, confirmando a análise anteriormente efetuada através da abordagem tradicional e evidenciando uma situação de equilíbrio financeiro (FM>0; NFM>0; TL>0); ou seja, a empresa financia de forma estável o seu ciclo de exploração, tendo disponibilidades que lhe garantem uma margem de segurança.

Analisando agora a evolução das várias componentes do balanço funcional, verificamos que a conta de clientes é a rubrica mais significativa no balanço , representando cerca de 63% do ativo total em 2013 (65% em 2012; 64% em 2011). De referir, que além do decréscimo em termos relativos desta última rubrica, também se regista uma diminuição do peso relativo dos inventários, que correspondem a cerca de 2% do ativo total no último ano em análise (5% em 2012; 4% em 2011). Esta situação reflete uma dinâmica favorável que advém da maior procura dos serviços da empresa.

Quanto aos recursos cíclicos, essencialmente resultam do crédito concedido pelos fornecedores, cujo o saldo em 31 de dezembro de 2013 corresponde a 20% do ativo total, registando-se uma diminuição face ao ano anterior, quer em termos absolutos (-2.905,12€) quer em termos relativos (menos 4 pontos percentuais).

A tesouraria passiva é constituída por empréstimos dos sócios à sociedade, que correspondem a cerca de 10% do ativo em 2013 (9% em 2012; 12% em 2011), sendo que, considerando as disponibilidades que a empresa apresenta, estes poderiam ser facilmente re-embolsados, com eventuais ganhos para a empresa e para os sócios da mesma, uma vez que permitiria reduzir os custos de financiamento para a primeira e, existindo alternativas de investimento, uma aplicação porventura mais rentável dos recursos para os segundos.

Para facilitar a análise do ciclo financeiro da empresa, foram calculados rácios de funcionamento que se apresentam na tabela seguinte, nomeadamente a duração média de inventários, o prazo médio de recebimentos e o prazo médio de pagamentos, que iremos comparar com a média do setor, de forma a determinar oportunidades de melhoria.

EXERCÍCIOS DE ANÁLISE FINANCEIRA

Funcionamento		BETA			CAE 33140 – Micro empresas		
		2013	2012	2011	2013	2012	2011
DMI	INV / CMVMC * 365	17	61	59	96	116	106
PMR	CLI / VND (ivai) * 365	280	315	356	101	115	110
PMP	FOR / (CMP+FSE) (ivai) * 365	190	215	209	82	84	76

Analisando estes indicadores e comparando com as médias do setor, encontramos diferenças significativas, sendo que a duração média de inventários é muito inferior à média, mas os prazos médios de recebimento e de pagamento são muito superiores ao padrão escolhido para efeitos de comparação, destacando-se o elevado prazo médio de recebimentos. Na verdade, no último ano, os clientes, aparentemente, demoraram em média cerca de 280 dias a pagar as faturas, havendo certamente margem para melhorar esta situação sem prejudicar a ação comercial, apesar da evolução positiva que também registamos.

Por outro lado, é de salientar, como aspeto favorável, a reduzida duração média do inventário e o decréscimo significativo registado no último ano, de 61 dias em 2012 para 17 dias em 2013, que pode, em parte, ter como justificação uma maior procura dos serviços da empresa.

Outra questão relevante, será o financiamento do crescimento, uma vez que se perspetivam novos investimentos, que se irão traduzir num expectável aumento do âmbito de atividade da empresa. Assumindo que a empresa continuará a reter a totalidade dos resultados líquidos obtidos, tal como se verifica nos triénio em análise, e que mantém as condições operacionais podemos calcular a taxa de crescimento sustentável, ou seja, a taxa de crescimento que permite manter a atual estrutura de capital. Neste caso, obtemos uma taxa de crescimento sustentável, $g^*=RC'P_{ip}*(1-d)$, de 19%, pelo que seria possível financiar o crescimento até esse limite mantendo o mesmo nível de endividamento, apenas com a retenção dos resultados obtidos. Todavia, se ocorrerem alterações nas condições operacionais, ou se o crescimento for superior ao valor atrás mencionado, a empresa teria de proceder a um aumento de capital, se entendesse desejável manter a estrutura de capital. Na nossa opinião, dada a confortável situação financeira da empresa, se a expectativa em termos de rendibilidade for semelhante à que ocorreu no último ano, um aumento do nível de endividamento é admissível.

Resumindo, a situação financeira da empresa é equilibrada, apresentando uma boa autonomia financeira e financiando o seu ciclo de exploração de forma estável, detendo disponibilidades que lhe permitem efetuar novas aplicações. Por outro lado, mantendo-se as condições operacionais, poderia sustentar um crescimento da sua atividade de 19%, sem necessidade de alterar a sua estrutura de capital. Todavia, verificamos que o prazo médio de recebimentos é demasiado elevado, sendo este o aspeto menos favorável e que pensamos ser possível melhorar.

6.2.3. Análise da área económica

Nesta secção será abordada a questão da rendibilidade, quer numa perspetiva operacional quer numa perspetiva estratégica. Para análise da estrutura e da evolução dos custos e proveitos, foi determinado o peso de cada rubrica da demonstração de resultados, bem como as variações percentuais dos valores das mesmas ao longo do triénio em análise, conforme tabela abaixo.

Desde logo, é de destacar o significativo crescimento verificado no volume de negócios (+23% em 2013; +19% em 2012), crescimento que nos parece sustentado e que corrobora a qualidade dos serviços prestados pela empresa, que se tem traduzido num aumento da procura. Este acréscimo verificado na procura justifica a variação negativa nos inventários da produção (-2.055,00€) registada em 2012, anulando as variações positivas que tinham sido contabilizadas nos anos anteriores.

De salientar que, no último ano, a média agregada do volume de negócios, no setor em que a empresa se insere, regista uma quebra de 20%, pelo que o crescimento que a empresa apresenta vai em contra ciclo, o que é de assinalar. Por outro lado, também se constata que o volume de negócios da empresa é significativamente superior à média do setor: o volume de negócios da empresa em análise foi de 300.711€ no último ano, enquanto que a média agregada das micro empresas com o mesmo código de atividade económica foi de 109.804€.

EXERCÍCIOS DE ANÁLISE FINANCEIRA

DEMONSTRAÇÃO DE RESULTADOS	2013	2012	2011	Δ 13/12 (€)	Δ 12/11 (€)	Δ 13/12 (%)	Δ 12/11 (%)
Vendas e serviços prestados	100%	100%	100%	55,799.75	39,792.85	23%	19%
Subsídios à exploração							
Variação nos inventários da produção	0%	-1%	1%	2,055.00	-3,562.50	-100%	-236%
Trabalhos para a própria entidade							
Custos das mercadorias vendidas e das matérias consumidas	36%	32%	31%	29,351.93	15,396.43	37%	24%
Fornecimentos e serviços externos	15%	20%	15%	-5,376.15	19,162.54	-11%	63%
Gastos com o pessoal	35%	42%	48%	1,714.02	3,981.31	2%	4%
Imparidade de inventários (perdas/reversões)							
Imparidade de dívidas a receber (perdas/reversões)							
Provisões (aumentos/reduções)							
Outras imparidades (perdas/reversões)							
Aumentos/reduções de justo valor							
Outros rendimentos e ganhos	1%	3%	2%	-3,742.74	2,204.83	-55%	48%
Outros gastos e perdas	3%	4%	6%	630.73	-2,795.72	7%	-25%
Resultado antes de depreciações, gastos de financiamentos e impostos	**13%**	**4%**	**3%**	**27,791.48**	**2,690.62**	**283%**	**38%**
Gastos/reversões de depreciação e de amortização	1%	1%	2%	195.10	32.63	6%	1%
Resultado operacional (antes de gastos de financiamento e impostos)	**11%**	**3%**	**2%**	**27,596.38**	**2,657.99**	**426%**	**70%**
Juros e rendimentos similares obtidos							
Juros e gastos similares suportados	1%	0%	1%	1,913.96	-913.02	177%	-46%
Resultado antes de impostos	**10%**	**2%**	**1%**	**25,682.42**	**3,571.01**	**476%**	**196%**
Imposto sobre o rendimento do período	3%	1%	0%	6,638.38	1,209.16	393%	251%
Resultado líquido do período	**8%**	**2%**	**1%**	**19,044.04**	**2,361.85**	**515%**	**176%**

Analisando a estrutura de gastos, verificamos que os gastos mais relevantes são o custo das mercadorias vendidas e consumidas, que representa 36% do volume de negócios em 2013 (32% em 2012; 31% em 2011) e os gastos com pessoal, que correspondem a 35% do volume de negócios no último ano (42% em 2012; 48% em 2013). Embora ambos registem o acréscimo em termos absolutos no período em análise, a evolução do seu peso relativo acontece em sentidos diferentes, verificando-se um aumento da importância do custo das mercadorias vendidas e das matérias consumidas, que se traduz numa diminuição da margem bruta (de 69% em 2011 para 64% em 2013), e uma diminuição em termos relativos dos gastos com pessoal, uma vez que o quadro de pessoal não sofre alterações, sendo as variações deste custo fixo (+2% em 2012; +4% em 2011) bastante inferiores ao já referido crescimento da faturação.

Os fornecimentos e serviços externos, no último ano, representam cerca de 15% do volume de negócios, sendo que, dado o investimento previsto, será possível internalizar algumas atividades que atualmente são realizadas em regime de *outsourcing*, pelo que se perspetiva uma diminuição do valor desta rubrica. Quanto aos "outros rendimentos e ganhos" e aos "outros gastos e perdas", estes não foram especificados pela a empresa, pelo que não nos é possível justificar os mesmos, sendo que representam, em 2013, 1% e 3% do volume de negócios, respetivamente.

Importa agora analisar a rendibilidade da empresa, comparando a mesma com a média aparada do setor.

Rendibilidade		BETA			CAE 33140 – Micro empresas		
		2013	2012	2011	2013	2012	2011
Margem EBITDA	EBITDA / VN	12.51%	4.02%	3.48%	9.72%	3.18%	8.51%
ROE	RLP / C'P	16.06%	3.11%	1.16%	9.29%	4.16%	12.07%
ROA	EBIT/ A	11.39%	2.45%	1.50%	8.38%	3.13%	7.10%

Como se pode constatar na tabela acima, a empresa regista uma evolução muito positiva em termos de rendibilidade, especialmente no último ano, ao contrário do que acontece no setor, onde se verifica uma quebra acentuada em 2012 e uma posterior recuperação em 2013. De facto, a empresa recuperou de uma situação pior do que o setor em 2011 para uma situação mais favorável em 2013, nos três indicadores apresentados.

Para perceber os efeitos da política de investimento e de financiamento, bem como o efeito fiscal sobre a rendibilidade dos capitais próprios, que passou de 1.16% em 2011 para 16,06% em 2013, iremos utilizar quer o modelo multiplicativo quer o modelo aditivo, e comparar os valores obtidos com a média do setor.

EXERCÍCIOS DE ANÁLISE FINANCEIRA

Rendibilidade		BETA			CAE 33140 – Micro empresas		
		2013	2012	2011	2013	2012	2011
Modelo multiplicativo da rendibilidade do capital próprio							
	1 RO/VN	11.3%	2.64%	1.9%	6.0%	4.5%	5.1%
	2 VN/A	100.6%	92.8%	80.8%	97.0%	95.6%	84.6%
P. Investimento	1x2	**11.4%**	**2.5%**	**1.5%**	**5.9%**	**4.3%**	**4.3%**
	3 RAI/RO	91.2%	83.3%	47.7%	94.9%	93.8%	82.0%
	4 A/C'P	211.1%	222.0%	220.3%	248.7%	246.3%	308.5%
P. Financiamento	3x4	**192.5%**	**184.9%**	**105.1%**	**236.0%**	**231.2%**	**252.9%**
	5 RLP/RAI	73.2%	68.6%	73.6%	67.1%	47.8%	79.6%
Área fiscal	5	**73.2%**	**68.6%**	**73.6%**	**67.1%**	**47.8%**	**79.6%**
RLP/C'P	1x2x3x4x5	**16.06%**	**3.11%**	**1.16%**	**9.29%**	**4.70%**	**8.64%**
Modelo aditivo da rendibilidade do capital próprio							
	1 ROA	11.4%	2.5%	1.5%	5.9%	4.3%	4.3%
P. Investimento	1	**11.4%**	**2.5%**	**1.5%**	**5.9%**	**4.3%**	**4.3%**
	2 CMCA	1.9%	0.7%	1.4%	0.5%	0.4%	1.1%
	3 CA/C'P	111.1%	122.0%	120.3%	148.7%	146.3%	208.5%
	4 ROA – CMCA	9.5%	1.7%	0.1%	5.4%	3.8%	3.1%
P. Financiamento	3x4	**10.5%**	**2.1%**	**0.1%**	**8.0%**	**5.6%**	**6.6%**
	5 RLP/RAI	73.2%	68.6%	73.6%	67.1%	47.8%	79.6%
Área fiscal	5	**73.2%**	**68.6%**	**73.6%**	**67.1%**	**47.8%**	**79.6%**
RLP/C'P	[1+(3x4)]x5	**16.06%**	**3.11%**	**1.16%**	**9.29%**	**4.70%**	**8.64%**

Na área operacional, verifica-se uma evolução favorável, conseguindo a empresa, no último ano, uma margem operacional bastante superior à média do setor (11,3% vs. 6%) e uma rotação do ativo igualmente acima da média (100,6% vs. 97%). No que diz respeito à política de financiamento, também se regista uma evolução favorável, sendo o efeito de alavanca financeira positivo e superior à média do setor (10.5% vs. 8.0%, em 2013); todavia, verifica-se uma redução do efeito positivo do endividamento, que aliás é inferior ao valor médio do setor, sugerindo que a estrutura de capital não é a mais eficiente. Na área fiscal, verificamos que os valores apresentam uma evolução semelhante à do setor, embora com menor peso dos impostos, exceto em 2011, em que a taxa efetiva de imposto é de 26.4% na empresa Beta e de 20.4% no setor.

Embora esta seja a decomposição mais frequente da rendibilidade dos capitais próprios, parece-nos mais pertinente a consideração do capital investido (AF+NFM+EAT) em alternativa ao ativo total, dado que parte das necessidades cíclicas são financiadas com recursos cíclicos, gerados automaticamente pela exploração e sem remuneração explicita. Assim sendo, apresentamos de seguida os dois modelos anteriormente utilizados com as devidas retificações.

Rendibilidade do capital próprio			BETA		
			2013	2012	2011
Modelo multiplicativo					
	1	RO/VN	11.33%	2.64%	1.86%
	2	VN/CI	135.44%	130.52%	106.70%
P. Investimento		**1x2**	**15.34%**	**3.45%**	**1.98%**
	3	RAI/RO	91.21%	83.31%	47.73%
	4	CI/C'P	156.76%	156.51%	168.13%
P. Financiamento		**3x4**	**142.99%**	**130.39%**	**80.24%**
	5	RLP/RAI	73.20%	68.65%	73.57%
Área fiscal		**5**	**73.20%**	**68.65%**	**73.57%**
RLP/C'P		**1x2x3x4x5**	**16.1%**	**3.1%**	**1.2%**
Modelo aditivo					
	1	ROCI	15.34%	3.45%	15.34%
P. Investimento		**1**	**15.34%**	**3.45%**	**1.98%**
	2	CMDF	3.72%	1.61%	2.54%
	3	PF/C'P	56.76%	56.51%	68.13%
	4	ROCI – CMDF	11.62%	1.84%	-0.56%
P. Financiamento		**3x4**	**6.60%**	**1.04%**	**-0.38%**
	5	RLP/RAI	73.20%	68.65%	73.57%
Área fiscal		**5**	**73.20%**	**68.65%**	**73.57%**
RLP/C'P		**(1+(3x4))x5**	**16.1%**	**3.1%**	**1.2%**

Tal como nos modelos anteriores, verifica-se uma melhoria da área operacional e da área financeira. Por outro lado, sai reforçada a noção de que o nível de endividamento poderia ser otimizado, na perspetiva dos acionistas.

Por último, para concluir a análise económica, vamos calcular o resultado residual, considerando um custo do capital próprio indicativo de 12%.

	2013	2012	2011
RLP	€22,744.67	€3,700.63	€1,338.78
Ke	12%	12%	12%
ke*C'P$_{ip}$	€14,266.38	€13,822.30	n.d.
RR	**+€8,478.29**	**-€10,121.67**	**n.d.**

Observando a tabela acima, verificamos que a empresa apenas criou valor para os detentores de capital no último ano, ou seja, podemos dizer que, no último exercício, os sócios obtiveram uma remuneração adequada ao risco do investimento, o que não acontecia nos períodos anteriores. Contudo, a evolução é positiva, e, face às perspetivas de crescimento, a empresa parece constituir um caso de investimento interessante.

Em conclusão, a evolução económica da sociedade no período em análise é muito positiva, registando-se um significativo aumento do volume de negócios, num contexto em que a maior parte dos concorrentes registou quebras de atividade, indiciando que a qualidade dos serviços prestados pela empresa tem sido reconhecida, resultando numa maior procura dos mesmos. Por outro lado, apesar da redução da margem bruta (calculada por (VN-CMVMC)/VN), a empresa conseguiu no último ano melhorar consideravelmente a sua rendibilidade, criando valor para os sócios. No entanto, é de referir que a empresa tem condições para melhorar a rendibilidade dos capitais próprios, se alterar a sua estrutura de capital, aumentando o peso do passivo financeiro, uma vez que efeito de alavanca financeira é muito positivo.

6.2.4. Análise do risco

A análise do risco é uma análise crítica, tanto mais que a empresa está a ponderar novos investimentos que lhe vão permitir alargar o âmbito da sua atividade.

Para facilitar os cálculos e a leitura das várias componentes apresentamos abaixo um quadro resumo da informação mais relevante (valores em euros).

RUBRICAS	SIGLA	2013	2012	2011
Volume de Negócios	VN	300,711.27	244,911.52	205,118.67
Outros Rendimentos Operacionais	ORO	3,053.45	4,741.19	6,098.86
Produção	**PRO = VN + ORO**	**303,764.72**	**249,652.71**	**211,217.53**
Gastos Operacionais Variáveis	GOV	152,739.08	128,763.30	94,204.33
Margem de Contribuição	**MC = PROD – GOV**	**151,025.64**	**120,889.41**	**117,013.20**
Gastos Operacionais Fixos	GOF	116,958.63	114,418.78	113,200.56
Resultados Operacional	**EBIT = MB- GOF**	**34,067.01**	**6,470.63**	**3,812.64**
Encargos Financeiros Líquidos	EFL	2,993.89	1,079.93	1,992.95
Resultados antes de impostos	**EBT = EBIT – EFL**	**31,073.12**	**5,390.70**	**1,819.69**
Impostos	T	8,328.45	1,690.07	480.91
Resultado Líquido do Período	**NI = EBT – T**	**22,744.67**	**3,700.63**	**1,338.78**

Consequentemente, foram calculados o ponto crítico operacional, a margem de segurança, o grau de alavancagem operacional (GAO), o grau de alavancagem financeira (GAF) e o grau de alavancagem combinada (GAC), que vão servir de base à análise de risco.

Análise do Risco		BETA		
		2013	2012	2011
Ponto crítico	GOF / MC%	€235,244.20	€236,290.00	€204,335.43
Margem de segurança	1- GOF / MC	23%	5%	3%
GAO	MC / EBIT	4.43	18.68	30.69
GAF	EBIT / EBT	1.10	1.20	2.10
GAC	GAO * GAF	4.86	22.43	64.30

EXERCÍCIOS DE ANÁLISE FINANCEIRA

Desde logo, é de registar a diminuição do risco, verificando-se uma significativa diminuição do valor do grau de alavanca combinado ao longo do triénio, que decorre não só da diminuição do risco financeiro, que se torna praticamente irrelevante (o grau de alavanca financeira é de 1.1 em 2013), mas sobretudo da diminuição que se verifica no grau de alavanca operacional, que passa de 30.69 em 2011 para 4.43 em 2013. De facto, a margem de segurança passou de 3% em 2011 para 23% em 2013, pelo que, mesmo que a empresa tivesse faturado apenas 235.244,20€ não teria, ainda assim, um resultado operacional negativo.

Numa perspetiva alternativa, os juros suportados correspondem a 8% do EBITDA em 2013, tendo-se verificado uma diminuição do seu peso relativo durante o triénio em análise, sendo que o passivo financeiro no último período é cerca de duas vezes o valor do EBITDA, valor que pode ser considerado adequado.

Assim, podemos concluir que o perfil de risco da empresa tem vindo a melhorar, sendo que o risco financeiro praticamente não tem expressão e o risco operacional se encontra num nível aceitável. Todavia, convém realçar que, num futuro próximo, estão previstos investimentos em equipamento, modernização das instalações e contratação de mais um técnico, que irão com certeza aumentar os custos fixos e consequentemente o risco operacional. Além disso, se a empresa recorrer a empréstimos bancários para financiar estes investimentos, o risco financeiro também passará a ter alguma importância.

6.2.5. Síntese e perspetivas de evolução futura

Em conclusão, fazendo uma síntese das análises anteriores, podemos afirmar que se trata de uma empresa saudável, quer financeiramente quer economicamente, que se apresenta como um caso de investimento atrativo. Acresce que os investimentos previstos pela administração também traduzem uma visão positiva do negócio, que de alguma forma corroboram a análise efetuada.

Destaca-se sobretudo o significativo crescimento do volume de negócios ao longo do triénio e a melhoria da rendibilidade no mesmo período, sendo de referir que o nível de rendibilidade obtido no último ano em análise já permite criar valor para os sócios. Verifica-se também uma melhoria do perfil de risco da empresa, que decorre da importante redução do risco operacional.

6. O RELATÓRIO DE ANÁLISE ECONÓMICA E FINANCEIRA GLOBAL

Por outro lado, a empresa é sólida do ponto de vista financeiro, apresentando uma boa autonomia financeira e uma situação de equilíbrio financeiro, detendo disponibilidades que lhe garantem uma margem confortável para realizar novos investimentos, sendo que também poderia re-embolsar os empréstimos concedidos pelos sócios à sociedade ou alterar a política de distribuição dos lucros, que até à data são retidos na sua totalidade.

Neste contexto, o plano de investimento da empresa faz todo o sentido, embora nesta análise não tenham sido disponibilizadas informações pormenorizadas, nem tão pouco tenha sido adiantada a dimensão do projeto. Ainda assim, a questão do financiamento do crescimento têm aqui pertinência e dada a taxa de crescimento sustentável que foi determinada, podemos considerar que, se o crescimento for inferior a 19%, a empresa poderá manter a sua estrutura de capital, se não ocorrerem alterações nas condições operacionais. No entanto, também verificamos que a estrutura de capital da empresa não está otimizada, pelo que deve ser equacionado o aumento do nível de endividamento da empresa, de forma a tirar partido do efeito de alavanca financeira.

Por último, sendo o prazo médio de recebimentos um dos aspetos menos favoráveis e com maior potencial de melhoria, recomendamos uma eventual revisão da política de concessão de crédito a clientes, e que seja dada uma atenção especial à gestão das cobranças, até porque permitiria libertar meios financeiros que poderiam ser aplicados de outra forma.

Abaixo apresentamos um quadro que sintetiza os principais pontos fortes e fracos detetados na análise, que correspondem a uma avaliação global da situação económico-financeira da empresa.

Área	Pontos fortes	Pontos fracos
Financeira	Situação financeira equilibrada; Boa autonomia financeira, superior à média do setor; Evolução favorável dos meios financeiros.	Prazo médio de recebimentos elevado, muito superior à média do setor; Disponibilidades (caixa e depósitos à ordem) excedentárias, não rentabilizadas.
Económica	Crescimento do volume de negócios em contra ciclo com o setor; Evolução favorável da rendibilidade; Efeito de alavanca financeira positivo, superior à média do setor em 2013.	Estrutura de capital não está otimizada; Margem bruta regista uma diminuição em 2013.
Risco	Baixo risco financeiro; Redução do risco operacional.	Investimentos em curso irão ter como efeito previsível um aumento do risco.

EXERCÍCIOS DE ANÁLISE FINANCEIRA

Atendendo aos investimentos previstos, é provável que o perfil de risco da empresa aumente num futuro próximo, nesse sentido, seria necessário avaliar não só o próprio investimento, mas também o impacto do mesmo na atividade normal da empresa. Além das questões operacionais, um aspeto importante, tal como já referimos, é o financiamento do crescimento. A empresa poderia beneficiar do efeito de alavanca financeira (uma vez que ROA>CMDF) e melhorar a rendibilidade dos capitais próprios, se optasse por alterar a sua estrutura financeira, aumentando o rácio de endividamento (CA/C'P), isto é, através da alavancagem financeira. No entanto, esta situação exigirá uma maior disciplina e terá como efeito adverso o aumento do risco de falência, pelo que deve ser devidamente ponderada.

Como nota final, sugerimos então que sejam elaboradas demonstrações previsionais para os próximos cinco anos de forma a aferir os efeitos dos investimentos e escolher com maior rigor o *mix* de financiamento. Além disso, a revisão da política de crédito concedido aos clientes poderá ser uma medida com efeitos positivos, uma vez que existe um grande potencial de melhoria.

6.3. Caso Omega

Sumário Executivo

Neste relatório é apresentada a análise financeira de uma empresa industrial, no triénio 2013-2015, suportada em informação recolhida na base de dados da SABI e na informação disponibilizada na imprensa. Para efeito deste livro, a empresa será designada por Omega, sendo que esta é especializada na produção e comercialização de vestuário profissional e de uso militar.

A empresa tem uma dimensão muito acima da média das empresas do setor e tem crescido significativamente. O forte crescimento que registou em 2015 permitiu melhorar a generalidade dos seus indicadores de desempenho. Apresenta-se financeiramente sólida e equilibrada no último ano em análise. Os indicadores de funcionamento também comparam bem com os de outras empresas com o mesmo código de atividade económica, indicando que a mesma é relativamente mais eficiente. Numa ótica económica, verifica-se uma evolução favorável, atingindo em 2015 um nível de rendibilidade aceitável, que permite remunerar adequadamente os detentores de capital. O perfil de risco da empresa também regista uma melhoria ao longo do período em análise, destacando-se a redução do risco operacional e também a irrelevância do risco financeiro.

Para execução do plano estratégico, a empresa vai realizar no futuro investimentos relevantes, que permitirão aumentar a sua capacidade, tendo em vista o lançamento de novos produtos e a entrada em novos mercados. Para realizar estes investimentos, a empresa irá necessitar de financiamento externo, sendo que este facto pode ser aproveitado para otimizar a estrutura de capital, que parece ser o aspeto menos favorável. Trata-se de uma empresa saudável, com um projeto de desenvolvimento ambicioso, que parece fazer todo o sentido, e que transmite a confiança que a equipa de gestão tem nas capacidades estratégicas da empresa.

6.3.1. Enquadramento

A empresa em análise dedica-se a atividades de indústria e comércio de vestuário profissional e de uso militar, tendo quase 30 anos de experiência neste segmento de mercado. A Omega possui um departamento de investigação e, nos últimos anos, tem desenvolvido projetos inovadores, integrando tecnologia em fatos profissionais, que permitem monitorizar em tempo real diversas variáveis externas (e.g., temperatura) e internas (e.g., batimento cardíaco) e enviar os dados eletronicamente para uma entidade de controlo.

Na fábrica, que tem uma área total de 3.000 m2 e uma capacidade de produção de 100 mil artigos por ano, trabalham 27 dos 45 colaboradores da empresa. A empresa tem duas marcas próprias e trabalha também para *private label*, que representa cerca de 50% do negócio. Em 2015, a empresa faturou quase 4 milhões de euros, dos quais cerca de 65% correspondem a exportações para 15 mercados, incluindo vários países europeus, tais como a Itália, França, Áustria, Reino Unido, Suíça e Bélgica. No ano de 2016, a gestão da empresa prevê que o volume de negócios ascenda a 6 milhões de euros, e, nos próximos dois anos, tenciona estar presente em 20 mercados externos. A empresa está a seguir um plano estratégico, que aposta no desenvolvimento de inovações para o mercado militar, tendo como objetivo atingir os 10 milhões de euros de faturação em 2020. Neste âmbito, está em curso um projeto de proteção balística que irá requerer uma expansão das instalações fabris, estando em desenvolvimento um colete à prova de balas que está em vias de ser certificado nos EUA e no mercado europeu.

EXERCÍCIOS DE ANÁLISE FINANCEIRA

Para efeito de comparação, serão considerados os dados das empresas constantes da central de balanços do Banco de Portugal (BdP), com a CAE 14120 – Confeção de vestuário de trabalho. O último ano disponibilizado é 2014, verificando que nesse ano existiam 97 empresas com esse código de atividade económica, mais 3 que no ano anterior, sendo que 86% do volume de negócio é realizado por empresas com mais de 10 anos, e, das restantes, um terço foi criada nos últimos três anos, representando estas, no seu conjunto, cerca de 7% do volume de negócios total. Tal como nos casos anteriores, sempre que possível, em alternativa à média agregada, será utilizada a média aparada, que exclui os valores extremos da distribuição.

O desempenho da empresa depende das suas capacidades estratégicas e uma vantagem competitiva refletir-se-á necessariamente em resultados financeiros superiores à média da indústria, pelo menos no longo prazo. Por outro lado, o ambiente competitivo explica em parte os resultados financeiros que as empresas de uma dada indústria ou setor obtêm em média. Assim sendo, a análise financeira deve ter em conta quer o ambiente interno e externo em que a empresa desenvolve a sua atividade, mas para esse efeito seria necessária mais informação. Neste relatório, não serão desenvolvidas estas análises, sendo apenas considerados os dados das demonstrações financeiras, balanço e demonstração de resultados, consideradas verdadeiras e apropriadas para efeito da análise que se irá desenvolver.

6. O RELATÓRIO DE ANÁLISE ECONÓMICA E FINANCEIRA GLOBAL

BALANÇO	12/31/15	12/31/14	12/31/13
Ativo			
Não corrente			
Ativos fixos tangíveis	840,756.42	934,109.87	1,069,991.40
Ativos intangíveis	119,413.41	125,754.52	110,705.97
Participações financeiras – método da equivalência patrimonial	-	-	-
Participações financeiras – outros métodos	-	-	-
Acionistas / sócios	-	-	-
Outros ativos financeiros	16,465.79	15,125.00	15,125.00
Ativos por impostos diferidos	-	-	46,116.79
	976,635.62	**1,074,989.39**	**1,241,939.16**
Corrente			
Inventários	629,735.42	532,492.93	377,124.31
Clientes	711,551.64	542,589.47	749,245.94
Adiantamentos a fornecedores	-	-	-
Estado e outros entes públicos	144,671.07	74,665.29	29,290.50
Acionistas / sócios	-	-	-
Outras contas a receber	585,272.07	561,121.12	455,663.16
Diferimentos	10,550.60	12,109.43	4,814.58
Ativos financeiros detidos para negociação	-	-	-
Caixa e depósitos bancários	237,286.04	126,155.34	231,594.84
	2,319,066.84	**1,849,133.58**	**1,847,733.33**
Total do ativo	**3,295,702.46**	**2,924,122.97**	**3,089,672.49**

EXERCÍCIOS DE ANÁLISE FINANCEIRA

Capital próprio

Capital e reservas atribuíveis aos detentores de capital

Capital realizado	1,000,000.00	1,000,000.00	1,000,000.00
Ações próprias	-	-	-
Outros instrumentos de capital próprio	269,468.73	260,759.15	355,361.38
Prémio de emissão	-	-	-
Reservas legais	28,115.24	28,115.24	28,115.24
Outras reservas	183,551.60	183,551.60	183,551.60
Excedentes de reavaliação	74,191.79	74,191.79	74,191.79
Outras variações no capital próprio	344,480.27	287,379.88	331,313.99
Resultados transitados	364,956.66	308,053.23	293,916.02
	2,264,764.29	**2,142,050.89**	**2,266,450.02**
Resultado líquido do período	273,629.99	56,903.43	14,137.21
Total do capital próprio	**2,538,394.28**	**2,198,954.32**	**2,280,587.23**

Passivo

Não corrente

Provisões	-	-	-
Financiamentos obtidos	-	-	-
Passivos por impostos diferidos	-	-	-
Outras contas a pagar	-	-	-
	-	-	-

Corrente

Fornecedores	564,762.33	216,187.55	327,356.82
Adiantamentos de clientes	-	-	-
Estado e outros entes públicos	126,014.40	43,795.20	-
Acionistas / sócios	-	-	-
Financiamento obtidos	10,245.80	296,794.85	429,146.93
Outras contas a pagar	56,285.65	168,391.05	52,581.51
Diferimentos	-	-	-
	757,308.18	**725,168.65**	**809,085.26**
Total do passivo	**757,308.18**	**725,168.65**	**809,085.26**
Total do capital próprio e do passivo	**3,295,702.46**	**2,924,122.97**	**3,089,672.49**

6. O RELATÓRIO DE ANÁLISE ECONÓMICA E FINANCEIRA GLOBAL

DEMONSTRAÇÃO DE RESULTADOS

	Exercício		
	12/31/15	**12/31/14**	**12/31/13**
Vendas e serviços prestados	3,779,287.69	2,802,118.97	2,433,184.14
Subsídios à exploração	50,151.16	80,622.53	51,382.90
Ganhos/perdas imputados de subsidiárias, associadas e empreendimentos conjuntos	-	-	-
Variação nos inventários de produção	72,019.18	(58,438.90)	16,511.16
Trabalhos para a própria entidade	-	-	-
Custo das mercadorias vendidas e das matérias consumidas	(2,105,453.75)	(1,455,197.41)	(1,345,048.40)
Fornecimentos e serviços externos	(708,429.04)	(572,924.86)	(495,416.14)
Gastos com o pessoal	(561,334.05)	(514,944.47)	(512,867.58)
Ajustamentos de inventários (perdas/reversões)	-	-	-
Imparidade de dívidas a receber (perdas/reversões)	-	-	-
Provisões (aumentos/reduções)	-	-	-
Imparidade de investimentos não depreciáveis/amortizáveis (perdas/reversões)	(6,491.75)	-	(8,348.20)
Outros rendimentos e ganhos	102,202.02	91,207.27	180,823.98
Outros gastos e perdas	(28,903.55)	(39,195.62)	(28,522.57)
Resultados antes de depreciações, gastos de financiamento e impostos	**593,047.91**	**333,247.51**	**291,699.29**
Gastos/ reversões de depreciação e de amortização	(199,074.34)	(227,575.02)	(238,422.12)
Imparidade de activos depreciáveis/ amortizáveis (perdas/ reversões)	-	-	-
	(199,074.34)	**(227,575.02)**	**(238,422.12)**
Resultado operacional (antes de gastos de financiamento e impostos)	**393,973.57**	**105,672.49**	**53,277.17**
Custos extraordinários	-	-	
Proveitos extraordinários	-	-	
Juros e rendimentos similares obtidos	-	13,114.98	13,663.98
Juros e gastos similares suportados	(15,194.90)	(11,146.22)	(10,421.64)
Resultados antes de impostos	**378,778.67**	**107,641.25**	**56,519.51**
Imposto sobre o rendimento do período	(105,148.68)	(50,737.82)	(42,382.30)
Resultado líquido do exercício	**273,629.99**	**56,903.43**	**14,137.21**

EXERCÍCIOS DE ANÁLISE FINANCEIRA

6.3.2. Análise da área financeira

Tal como nos casos anteriores, para efeitos pedagógicos iremos começar por utilizar de forma sucinta uma perspetiva tradicional, tendo em conta a temporalidade dos recursos e aplicações, a que se seguirá uma abordagem funcional, em que se terá em consideração os diversos ciclos financeiros.

A autonomia financeira da empresa é superior a 74% ao longo do triénio, valor significativamente acima da média aparada do setor (aproximadamente 13% em 2014) indicando que se trata de uma empresa que recorre pouco a dívida.

Em 2015, o ativo da Omega totalizava 3.295.702,46€, sendo cerca de 70% correspondente a ativo corrente. Os capitais permanentes, constituídos exclusivamente por capitais próprios, cobriam 2,6 vezes os ativos não correntes, revelando a existência de uma situação de equilíbrio financeiro de longo prazo. De referir que, os ativos fixos tangíveis, essencialmente edifícios e terrenos, representam cerca de 86% do ativo não corrente, e que, entre os ativos intangíveis, a maior parte corresponde projetos de investigação realizados pela empresa.

No passivo, que é apenas corrente, destaca-se a diminuição dos financiamentos obtidos ao longo do período em análise, bem como o aumento da rúbrica fornecedores e estado e outros entes públicos em 2015, que em parte se justifica pelo o aumento da atividade da empresa. O saldo da conta de fornecedores correspondia no último ano a cerca de 17% do ativo total, contra 7% em 2014, e, o saldo em 31 de dezembro de 2015 dos financiamentos obtidos era de apenas 10.245,50€ não tendo qualquer expressão face ao ativo da empresa, enquanto que nos anos anteriores representava 10% em 2014 e 14% do ativo total em 2013.

No curto prazo, a empresa também evidencia uma situação de equilíbrio financeiro, como se pode constatar dos indicadores de liquidez geral e de liquidez reduzida, apresentados na tabela abaixo. De facto, os valores são favoráveis, sendo sempre superiores à unidade e à média das empresas com o mesmo código de atividade económica.

6. O RELATÓRIO DE ANÁLISE ECONÓMICA E FINANCEIRA GLOBAL

Equilíbrio de curto prazo (patrimonial)		OMEGA			CAE 14120		
		2015	2014	2013	2015	2014	2013
Liquidez geral	AC / PC	3.06	2.55	2.28	-	1.85	1.48
Liquidez reduzida	(AC-INV) / PC	2.23	1.82	1.82	-	1.34	1.06

Agora, numa perspetiva funcional, torna-se necessário verificar se as demonstrações financeiras precisam de ser corrigidas de forma a que traduzam uma ótica financeira e não uma ótica meramente contabilística, ou seja, de forma a refletirem os ciclos financeiros.

Existem algumas situações que poderiam ser objeto de ajustamentos, tais como as rubricas de "outras contas a receber" e de "outras contas a pagar", no entanto, embora se saiba que o valor das outras contas a receber (585.272,07€ em 2015) seja referente a acréscimo de proveitos (255.557,02€ em 2015) e a outros devedores (329.715,05€ em 2015), não é possível apurar se estes estão relacionados com a exploração ou não, nem o prazo que deve ser considerado. Também não é possível determinar a estimativa de IRC e os pagamentos por conta, sendo que estes deveriam ser considerados EPT e EAT, respetivamente. No entanto, a empresa tem reduzida atividade extraexploração, pelo que os enviesamentos, a existir, seriam reduzidos, não afetando substancialmente a análise a realizar. Assim sendo, não foram efetuados ajustamentos.

Para facilitar a análise do balanço funcional, que se apresenta abaixo, foi também determinado o peso de cada rubrica no ativo total, e as variações ocorridas.

EXERCÍCIOS DE ANÁLISE FINANCEIRA

BALANÇO	12/31/15	12/31/14	12/31/13
Ativo			
Aplicações fixas líquidas			
Ativos fixos tangíveis	840,756.42	934,109.87	1,069,991.40
Ativos intangíveis	119,413.41	125,754.52	110,705.97
Outros ativos financeiros	16,465.79	15,125.00	15,125.00
Ativos por impostos diferidos	-	-	46,116.79
	976,635.62	**1,074,989.39**	**1,241,939.16**
Necessidades cíclicas			
Inventários	629,735.42	532,492.93	377,124.31
Clientes	711,551.64	542,589.47	749,245.94
Estado e outros entes públicos	144,671.07	74,665.29	29,290.50
Outras contas a receber	585,272.07	561,121.12	455,663.16
Diferimentos	10,550.60	12,109.43	4,814.58
	2,081,780.80	**1,722,978.24**	**1,616,138.49**
Tesouraria ativa			
Caixa e depósitos bancários	237,286.04	126,155.34	231,594.84
	2,319,066.84	**1,849,133.58**	**1,847,733.33**
Total do ativo	**3,295,702.46**	**2,924,122.97**	**3,089,672.49**
Capital próprio e passivo			
Recursos estáveis			
Capital realizado	1,000,000.00	1,000,000.00	1,000,000.00
Outros instrumentos de capital próprio	269,468.73	260,759.15	355,361.38
Reservas legais	28,115.24	28,115.24	28,115.24
Outras reservas	183,551.60	183,551.60	183,551.60
Excedentes de reavaliação	74,191.79	74,191.79	74,191.79
Outras variações no capital próprio	344,480.27	287,379.88	331,313.99
Resultados transitados	364,956.66	308,053.23	293,916.02
	2,264,764.29	**2,142,050.89**	**2,266,450.02**
Resultado líquido do período	273,629.99	56,903.43	14,137.21
	2,538,394.28	**2,198,954.32**	**2,280,587.23**
Recursos cíclicos			
Fornecedores	564,762.33	216,187.55	327,356.82
Estado e outros entes públicos	126,014.40	43,795.20	-
Outras contas a pagar	56,285.65	168,391.05	52,581.51
	747,062.38	**428,373.80**	**379,938.33**
Tesouraria passiva			
Financiamento obtidos	10,245.80	296,794.85	429,146.93
	10,245.80	**296,794.85**	**429,146.93**
Total do capital próprio e do passivo	**3,295,702.46**	**2,924,122.97**	**3,089,672.49**

6. O RELATÓRIO DE ANÁLISE ECONÓMICA E FINANCEIRA GLOBAL

BALANÇO	2015	2014	2015	Δ 2015/14 (€)	Δ 2014/13 (€)	Δ 2015/14 (%)	Δ 2014/13 (%)
Ativo							
Aplicações fixas líquidas							
Ativos fixos tangíveis	26%	32%	35%	(93,353)	(135,882)	-10%	-13%
Ativos intangíveis	4%	4%	4%	(6,341)	15,049	-5%	14%
Outros ativos financeiros	0%	1%	0%	1,341	-	9%	0%
Ativos por impostos diferidos	0%	0%	1%	-	(46,117)		-100%
	30%	**37%**	**40%**	**(98,354)**	**(166,950)**	**-9%**	**-13%**
Necessidades cíclicas							
Inventários	19%	18%	12%	97,242	155,369	18%	41%
Clientes	22%	19%	24%	168,962	(206,656)	31%	-28%
Estado e outros entes públicos	4%	3%	1%	70,006	45,375	94%	155%
Outras contas a receber	18%	19%	15%	24,151	105,458	4%	23%
Diferimentos	0%	0%	0%	(1,559)	7,295	-13%	152%
	63%	**59%**	**52%**	**358,803**	**106,840**	**21%**	**7%**
Tesouraria ativa							
Caixa e depósitos bancários	7%	4%	7%	111,131	(105,440)	88%	-46%
	70%	**63%**	**60%**	**469,933**	**1,400**	**25%**	**0%**
Total do ativo	**100%**	**100%**	**100%**	**371,579**	**(165,550)**	**13%**	**-5%**
Capital próprio e passivo							
Recursos estáveis							
Capital realizado	30%	34%	32%	-	-	0%	0%
Outros instrumentos de capital próprio	8%	9%	12%	8,710	(94,602)	3%	-27%
Reservas legais	1%	1%	1%	-	-	0%	0%
Outras reservas	6%	6%	6%	-	-	0%	0%
Excedentes de reavaliação	2%	3%	2%	-	-	0%	0%
Outras variações no capital próprio	10%	10%	11%	57,100	(43,934)	20%	-13%
Resultados transitados	11%	11%	10%	56,903	14,137	18%	5%
	69%	**73%**	**73%**	**122,713**	**(124,399)**	**6%**	**-5%**
	0%	0%	0%	-	-		
Resultado líquido do período	8%	2%	0%	216,727	42,766	381%	303%
	77%	**75%**	**74%**	**339,440**	**(81,633)**	**15%**	**-4%**
Recursos cíclicos	0%	0%	0%	-	-		
Fornecedores	17%	7%	11%	348,575	(111,169)	161%	-34%
Estado e outros entes públicos	4%	1%	0%	82,219	43,795	188%	
Outras contas a pagar	2%	6%	2%	(112,105)	115,810	-67%	220%
	23%	**15%**	**12%**	**318,689**	**48,435**	**74%**	**13%**
Tesouraria passiva	0%	0%	0%	-	-		
Financiamento obtidos	0%	10%	14%	(286,549)	(132,352)	-97%	-31%
	0%	**10%**	**14%**	**(286,549)**	**(132,352)**	**-97%**	**-31%**
Total do capital próprio e do passivo	**100%**	**100%**	**100%**	**371,579**	**(165,550)**	**13%**	**-5%**

EXERCÍCIOS DE ANÁLISE FINANCEIRA

Conforme apresentado na tabela que se segue, o fundo de maneio é sempre positivo no período em análise, registando uma evolução favorável, ascendendo a 1.561.758,66€ no último ano, sendo que nesse ano se verifica um significativo aumento dos capitais estáveis, capital próprio, que advém do resultado líquido obtido nesse exercício (273.629,99€), que registou um aumento considerável face ao ano anterior (+216.727€). Podemos assim concluir que o ativo fixo é financiado por capitais estáveis.

RUBRICAS	SIGLA	2015	2014	2013
Capitais estáveis	CE	2,538,394.28	2,198,954.32	2,280,587.23
Ativos fixos	AF	976,635.62	1,074,989.39	1,241,939.16
Fundo de maneio	**FM = CE – AF**	**1,561,758.66**	**1,123,964.93**	**1,038,648.07**
Necessidades cíclicas	NC	2,081,780.80	1,722,978.24	1,616,138.49
Recursos cíclicos	RC	747,062.38	428,373.80	379,938.33
Necessidades em fundo de maneio	**NFM = NC – RC**	**1,334,718.42**	**1,294,604.44**	**1,236,200.16**
Tesouraria líquida	**TL = FM – NFM**	**227,040.24**	**-170,639.51**	**-197,552.09**
Elementos ativos de tesouraria	EAT	237,286.04	126,155.34	231,594.84
Elementos passivos de tesouraria	EPT	10,245.80	296,794.85	429,146.93
Tesouraria líquida	**TL = EAT – EPT**	**227,040.24**	**-170,639.51**	**-197,552.09**

Naturalmente, dado o aumento da atividade da empresa, as necessidades cíclicas também registam um acréscimo. De facto, os inventários, que na sua maioria são de matéria-prima, aumentam nos últimos dois anos (+168.962€ em 2015; +155.369€ em 2014), totalizando 629.735,42€ no ano de 2015. Além disso, o saldo de clientes regista em 2015 um acréscimo de 168.962€ e ascende a 711.551,64€ nesse ano. Assim sendo, verifica-se um aumento sucessivo das necessidades de fundo de maneio, cujo valor é de 1.334.718,42€ em 2015.

Verifica-se que nos anos 2014 e 2013 a tesouraria líquida era negativa, embora se registe uma melhoria em 2014, tendo a empresa recorrido a empréstimos bancários para se financiar. Todavia, no último ano, esta situação altera-se e a tesouraria líquida apresenta o valor de 227.040,24€, indicando que a empresa passou a apresentar uma situação de equilíbrio financeiro (FM>0; NFM>0; TL>0), financiando adequadamente o seu ciclo de exploração e dispondo de uma margem de segurança. Esta situação resulta por um lado do significativo aumento dos resultados obtidos, mas também acréscimo da conta de fornecedores (+348.575€), que totaliza 564.762,33€ em 2015, o que provavelmente traduz uma alteração na política de pagamentos e resulta num aumento dos recursos cíclicos. Não sendo possível avaliar se este nível de resultados se irá manter e não tendo informação sobre a intenção da empresa quanto à forma como pretende no futuro pagar a fornecedores, esta situação não deixa de ser favorável e permite à empresa encarar os desafios que uma estratégia de crescimento comporta com maior tranquilidade. Acresce que o facto de ter pago quase na totalidade os financiamentos obtidos, é um fator positivo na medida em que facilita o acesso a novos financiamentos.

Na tabela seguinte são apresentados os rácios de funcionamento. Analisando os mesmos, verifica-se que, após um aumento da duração média dos inventários em 2014, de 102 para 134 dias, em 2015 se regista uma melhoria para 109 dias, valores que, quando comparados com a média do sector indicam uma gestão relativamente mais eficiente dos inventários. Quanto ao prazo médio de recebimentos, é de salientar a evolução favorável deste indicador, 91 dias em 2013, 57 dias em 2014, e 56 dias em 2015, passando de uma situação em que comparava mal com a média das empresas com o mesmo CAE para uma situação relativamente melhor (57 dias contra 70 dias, em 2014).

Funcionamento		OMEGA			CAE 14120		
		2015	2014	2013	2015	2014	2013
DMI	INV / CMVMC * 365	109	134	102	-	168	190
PMR	CLI / VND (ivai) * 365	56	57	91	-	70	76
PMP	FOR / (CMP+FSE) (ivai) * 365	87	44	84	-	77	74

No que diz respeito ao prazo médio de pagamento a fornecedores, regista-se uma redução do mesmo em 2014, de 84 dias para 44 dias, que resulta provavelmente de um maior aproveitamento dos descontos de pronto pagamento, o que aliás é confirmado pelo aumento dos mesmos nesse ano. Em 2015, embora se verifique um aumento significativo do prazo médio de pagamentos, para 87 dias, ainda assim, a empresa regista um valor superior de descontos de pronto pagamento face ao que apresentava em 2013, ano em que este indicador tem um valor similar, o que significa que ocorreu provavelmente uma alteração das condições comerciais ou uma

EXERCÍCIOS DE ANÁLISE FINANCEIRA

mudança de fornecedores. Em todo o caso, pode-se concluir que a empresa passou a beneficiar de condições mais favoráveis junto dos fornecedores.

Tendo em conta a estratégia de crescimento que a empresa pretende levar a cabo, estando previsto um crescimento de 50% em 2016 e uma faturação em 2020 cerca de 2.5 vezes a obtida em 2015, o financiamento do crescimento é uma questão de extrema relevância. Assumindo que a empresa vai reter 80% dos resultados obtidos e admitindo que as condições operacionais do último ano se mantêm é possível determinar a taxa de crescimento sustentável, $g^*=RC'P_{ip}*(1-d)$, que neste caso seria de aproximadamente 10% (12,44‰ caso não fossem distribuídos dividendos). Este valor é significativamente mais baixo do que o crescimento previsto, pelo que a empresa deverá ter necessidade de obter financiamento adicional, através de um aumento de capital e/ou do endividamento, sendo que também deve ser tida em conta uma potencial otimização da estrutura de capital. Tendo em conta o propósito académico da análise financeira que aqui se desenvolve, supõe-se que esta questão tenha sido considerada na elaboração do plano estratégico, cuja viabilidade depende em grande medida da viabilidade de prosseguir com os investimentos projetados, pelo que se assume que existam já contratos de financiamento e eventualmente subsídios concedidos pelo Estado, no âmbito dos programas operacionais de apoio ao investimento. Todavia, esta seria uma questão relevante a apurar numa análise com um outro objetivo que não meramente académico. De facto, com a análise financeira é importante também pelas questões que levanta, e, em casos com este, em que a empresa pretende expandir-se de forma tão significativa a atividade, uma análise previsional seria necessária, bem como uma avaliação do projeto de investimento.

Em conclusão, a situação financeira da empresa melhorou significativamente no último ano análise, apresentando em 2015 uma tesouraria líquida positiva, ou seja, o ciclo de exploração também foi financiado de forma estável. Os rácios de funcionamento revelam que a empresa é relativamente eficiente, o que se apresenta como uma vantagem. Todavia, dado o ambicioso projeto de expansão da empresa, é possível antecipar futuras necessidades de financiamento, pois, admitindo que se mantêm as condições de funcionamento, a taxa de crescimento sustentável fica muito aquém do crescimento esperado para o próximo ano.

6.3.3. Análise da área económica

Numa perspetiva económica, tendo como base a demonstração de resultados, são analisados os gastos e rendimentos, nomeadamente a sua estrutura e a sua evolução ao longo do período em análise. Para esse efeito, apresenta-se de seguida uma tabela com o peso de cada rubrica da demonstração de resultados face às vendas e prestações de serviços, e outra com as variações absolutas e percentuais.

EXERCÍCIOS DE ANÁLISE FINANCEIRA

DEMONSTRAÇÃO DE RESULTADOS

	2015	2014	2015
Vendas e serviços prestados	100%	100%	100%
Subsídios à exploração	1%	3%	2%
Ganhos/perdas imputados de subsidiárias, associadas e	0%	0%	0%
empreendimentos conjuntos	0%	0%	0%
Variação nos inventários de produção	2%	-2%	1%
Trabalhos para a própria entidade	0%	0%	0%
Custo das mercadorias vendidas e das matérias consumidas	-56%	-52%	-55%
Fornecimentos e serviços externos	-19%	-20%	-20%
Gastos com o pessoal	-15%	-18%	-21%
Ajustamentos de inventários (perdas/reversões)	0%	0%	0%
Imparidade de dívidas a receber (perdas/reversões)	0%	0%	0%
Provisões (aumentos/reduções)	0%	0%	0%
Imparidade de investimentos não depreciáveis/amortizáveis (perdas/reversões)	0%	0%	0%
Outros rendimentos e ganhos	3%	3%	7%
Outros gastos e perdas	-1%	-1%	-1%
Resultados antes de depreciações, gastos de financiamento e impostos	**16%**	**12%**	**12%**
	0%	0%	0%
Gastos/ reversões de depreciação e de amortização	-5%	-8%	-10%
Imparidade de activos depreciáveis/ amortizáveis (perdas/ reversões)	0%	0%	0%
Resultado operacional (antes de gastos de financiamento e impostos)	**10%**	**4%**	**2%**
	0%	0%	0%
Custos extraordinários	0%	0%	0%
Proveitos extraordinários	0%	0%	0%
Juros e rendimentos similares obtidos	0%	0%	1%
Juros e gastos similares suportados	0%	0%	0%
Resultados antes de impostos	**10%**	**4%**	**2%**
Imposto sobre o rendimento do período	-3%	-2%	-2%
Resultado líquido do exercício	**7%**	**2%**	**1%**

6. O RELATÓRIO DE ANÁLISE ECONÓMICA E FINANCEIRA GLOBAL

DEMONSTRAÇÃO DE RESULTADOS	Δ 2015/14 (€)	Δ 2014/13 (€)	Δ 2015/14 (%)	Δ 2014/13 (%)
Vendas e serviços prestados	977,168.72	368,934.83	35%	15%
Subsídios à exploração	-30,471.37	29,239.63	-38%	57%
Ganhos/perdas imputados de subsidiárias, associadas e empreendimentos conjuntos	0.00	0.00		
Variação nos inventários de produção	130,458.08	-74,950.06	-223%	-454%
Trabalhos para a própria entidade	0.00	0.00		
Custo das mercadorias vendidas e das matérias consumidas	-650,256.34	-110,149.01	45%	8%
Fornecimentos e serviços externos	-135,504.18	-77,508.72	24%	16%
Gastos com o pessoal	-46,389.58	-2,076.89	9%	0%
Ajustamentos de inventários (perdas/reversões)	0.00	0.00		
Imparidade de dívidas a receber (perdas/ reversões)	0.00	0.00		
Provisões (aumentos/reduções)	0.00	0.00		
Imparidade de investimentos não depreciáveis/ amortizáveis (perdas/reversões)	-6,491.75	8,348.20		-100%
Outros rendimentos e ganhos	10,994.75	-89,616.71	12%	-50%
Outros gastos e perdas	10,292.07	-10,673.05	-26%	37%
Resultados antes de depreciações, gastos de financiamento e impostos	**259,800.40**	**41,548.22**	**78%**	**14%**
Gastos/ reversões de depreciação e de amortização	28,500.68	10,847.10	-13%	-5%
Imparidade de activos depreciáveis/ amortizáveis (perdas/ reversões)				
	28,500.68	**10,847.10**	**-13%**	**-5%**
Resultado operacional (antes de gastos de financiamento e impostos)	**288,301.08**	**52,395.32**	**273%**	**98%**
Custos extraordinários	0.00	0.00		
Proveitos extraordinários	0.00	0.00		
Juros e rendimentos similares obtidos	-13,114.98	-549.00	-100%	-4%
Juros e gastos similares suportados	-4,048.68	-724.58	36%	7%
Resultados antes de impostos	**271,137.42**	**51,121.74**	**252%**	**90%**
Imposto sobre o rendimento do período	-54,410.86	-8,355.52	107%	20%
Resultado líquido do exercício	**216,726.56**	**42,766.22**	**381%**	**303%**

O volume de negócios aumentou significativamente no triénio, principalmente no último ano (+35%), o que revela uma forte posição competitiva da empresa, que regista um crescimento superior à média das empresas com atividade similar (15% contra 9%, em 2014), e é uma das empresas com maior peso no setor, com uma faturação de 3.779.287,69€ em 2015 (o volume de negócios médio foi de 568.792€ nesse ano). Na análise de empresas industriais, a rubrica referente à variação da produção deve merecer especial cuidado, uma vez que esta pode afetar os resultados obtidos, e ser facilmente utilizada para ocultar prejuízos, por exemplo, através da contabilização sistemática de variações positivas. No caso em estudo, a variação da produção dos inventários de produção apresenta valores razoáveis e uma evolução que parece regular, com valores negativos e positivos, pelo que não constitui motivo de apreensão, sendo que em 2015 a variação é de 72.019,18€ e contribui positivamente para a formação do resultado desse exercício. De referir que as vendas para o mercado externo, quase exclusivamente mercado comunitário, perderam peso no último ano, representando 65% do volume de negócios (87% em 2014; 80% em 2013), o que poderá refletir que nesse ano existiram encomendas que não eram habituais de entidades nacionais, sendo que não é possível avaliar se esta situação traduz um aumento de competitividade da empresa ou se resulta de uma alteração no ambiente externo, cuja repetição poderá não ocorrer no futuro, pelo que por uma questão de prudência, o significativo crescimento da atividade verificado em 2015 deverá ser lido com algum cuidado. De qualquer modo, tendo em conta a informação vinculada na imprensa, admite-se que seja o resultado da implementação da estratégia de expansão da empresa.

O custo com as mercadorias vendidas e matérias consumidas representa 56% das vendas e prestações de serviços do ano 2015, tendo um peso superior ao dos anos anteriores (52% em 2014; 55% em 2013), o que provavelmente reflete o aumento de importância das compras realizadas no mercado interno, que nesse ano correspondiam a cerca de 42% das compras, quando nos anos anteriores representavam 23% e 25% das mesmas, em 2014 e 2013, respetivamente. Este facto também poderá justificar o significativo aumento do prazo médio de pagamentos referido na secção anterior. Os fornecimentos e serviços externos mantêm o seu peso ao longo do triénio, aproximadamente 20% da faturação, evoluindo em linha com o crescimento da atividade, o que traduz o carácter essencialmente

6. O RELATÓRIO DE ANÁLISE ECONÓMICA E FINANCEIRA GLOBAL

variável dos mesmos. Já os gastos com pessoal, custo eminentemente fixo, embora aumente em termos absolutos, totalizando 561.334,05€ no último ano, regista uma redução do seu peso face às vendas ao longo do período em análise (21% em 2013; 18% em 2014; 15% em 2015), por via do significativo aumento do volume de negócios da empresa. Os outros rendimentos e ganhos têm algum peso, representando 3% das vendas em 2015, sendo que parte deste valor (mais de 30%) diz respeito a descontos de pronto de pagamento obtidos. Em contrapartida, sensivelmente um terço dos outros custos e perdas é relativo a descontos de pronto pagamento concedidos, sendo os restantes custos referentes a taxas e outras despesas.

A evolução favorável da atividade, permitiu a melhoria da sua rendibilidade, principalmente no último ano, conforme se pode observar na tabela seguinte. Até 2014, quer a rendibilidade do capital próprio quer a rendibilidade do ativo comparavam mal com a média aparada das empresas com o mesmo código de atividade económica, apenas a margem EBITDA apresentava valores acima da média.

Rendibilidade		OMEGA			CAE 14120		
		2015	2014	2013	2015	2014	2013
Margem EBITDA	EBITDA / VN	15.69%	11.89%	11.99%	-	6.91%	5.10%
ROE	RLP / C'P	10.78%	2.59%	0.62%	-	7.09%	1.56%
ROA	EBIT/ A	11.95%	3.61%	1.72%	-	4.69%	2.30%

Em 2015, não é possível comparar com a média do sector, mas verifica--se um significativo aumento da rendibilidade, sendo a rendibilidade operacional do ativo de 12%, o que compara com um valor inferior a 4% no ano anterior. Esta melhoria resulta do acréscimo do volume de negócios da empresa, que permitiu diluir os custos fixos relacionados com remunerações e encargos com remunerações e aumentar consecutivamente os resultados líquidos, de 14.137,21€ em 2013 para 56.903,43€ em 2014, e finalmente para 273.629,99€ em 2015. A sustentabilidade do nível de resultados apresentado no último ano depende da capacidade da empresa para manter ou aumentar o nível de atividade. Tendo em conta os objetivos que a empresa se propõe alcançar, é provável que o volume de negócios aumente nos próximos anos, mas o investimento necessário para aumentar a capacidade deverá condicionar a rendibilidade que esta irá apresentar no curto prazo.

EXERCÍCIOS DE ANÁLISE FINANCEIRA

Para analisar com maior detalhe a rendibilidade dos capitais próprios, iremos desdobrar a mesma, sendo que no caso presente apenas se justifica a utilização do modelo multiplicativo, não existindo grande utilidade em apresentar o modelo aditivo, uma vez que, por exemplo, não parece razoável calcular o custo médio do capital próprio tendo com base os valores do endividamento em 31 de dezembro de 2015, sendo que foram praticamente pagos todos os empréstimos obtidos e não é crível que os juros suportados sejam apenas referentes a esse montante, pelo que seria necessário dispor do saldo médio dos empréstimos bancários. A comparação com a média do setor permitirá relativizar os valores obtidos.

Rendibilidade		OMEGA			CAE 14120		
		2015	2014	2013	2015	2014	2013
Modelo multiplicativo da rendibilidade do capital próprio							
1	EBIT/VN	10.42%	3.77%	2.19%	-	4.45%	2.47%
2	VN/A	114.67%	95.83%	78.75%	-	105.39%	93.07%
Política de investimento	1x2	11.95%	3.61%	1.72%	-	4.69%	2.30%
3	EBT/EBIT	96.14%	101.86%	106.09%	-	80.98%	58.20%
4	A/C'P	129.83%	132.98%	135.48%	-	266.39%	290.99%
Política de financiamento	3x4	124.83%	135.46%	143.72%	-	215.73%	169.34%
5	NI/EBT	72.24%	52.86%	25.01%	-	70.01%	40.15%
Área fiscal	5	72.24%	52.86%	25.01%	-	70.01%	40.15%
RLP/C'P	1x2x3x4x5	10.78%	2.59%	0.62%	-	7.09%	1.56%

Até 2015, a empresa apresentava uma margem operacional e uma rotação do ativo inferior à média do setor, todavia, no último ano houve uma significativa melhoria, e, embora não seja possível comparar com a média das empresas com o mesmo CAE nesse ano, é provável que a situação seja relativamente mais favorável, sendo certo que se regista uma melhoria consistente na área operacional ao longo do triénio em análise. Quanto à política de financiamento, constata-se através do indicador A/C'P que a estrutura de capitais da empresa a penaliza face ao que é observável na indústria em que se insere, e que os juros suportados têm pouca relevância, face ao que parece ser normal em empresas similares. Na área fiscal, é difícil a comparação com a média, uma vez que se verificam grandes oscilações no período considerado, no entanto, o impacto dos impostos no último ano parece estar em linha com o nível de IRC cobrado em Portugal.

6. O RELATÓRIO DE ANÁLISE ECONÓMICA E FINANCEIRA GLOBAL

Se considerarmos o capital investido (AF+NFM+EAT) em vez do ativo total, conforme tabela apresentada abaixo, a leitura é um pouco diferente, verificando-se que a política de investimento contribui positivamente para a rendibilidade, mas que a política de financiamento tem um efeito negativo, tal como a área fiscal. Fica assim mais evidente que a estrutura de capitais da empresa não está otimizada e prejudica a sua rendibilidade, enquanto que a área operacional regista uma evolução favorável, justificada pelo significativo crescimento do volume de negócios.

Embora não se tenha calculado o modelo aditivo, tendo em conta que a rendibilidade operacional do ativo (ROA) foi de aproximadamente 12% no último ano, e considerando que a taxa de juro do financiamento bancário seria certamente inferior, tudo indica que a empresa poderia beneficiar de um efeito de alavanca financeira. No entanto, nos anos anteriores esse efeito não seria seguramente positivo, dada a baixa rendibilidade do ativo e o valor dos juros cobrados pela banca.

Rendibilidade do capital próprio			OMEGA		
			2015	2014	2013
Modelo multiplicativo					
	1	EBIT/VN	10.42%	3.77%	2.19%
	2	VN/CI	148.29%	112%	90%
Área operacional		1x2	15.46%	4.23%	1.97%
	3	EBT/EBIT	96.14%	101.86%	106.09%
	4	CI/C'P	100.40%	113.50%	118.82%
Área financeira		3x4	96.53%	115.61%	126.05%
	5	NI/EBT	72.24%	52.86%	25.01%
Área fiscal		5	72.24%	52.86%	25.01%
RLP/C'P		1x2x3x4x5	10.78%	2.59%	0.62%

Importa agora verificar se a empresa está a criar valor para os detentores de capital, considerando um custo do capital próprio de 12% à semelhança do que foi já feito nos casos anteriores. A criação de valor pressupõe a cobertura de todos os gastos inerentes ao negócio bem como a cobertura do custo total do capital investido. O cálculo do resultado residual apresentado de seguida permite concluir que, com a exceção do último ano, o capital próprio não tem sido adequadamente remunerado. Em 2015, apesar do resultado residual ser positivo, o que indica uma adequada remuneração do capital investido, é preciso acautelar que o custo de oportunidade poderá ser superior a 12%, pelo que apenas se pode destacar com alguma segurança a evolução positiva que se observa ao longo do triénio.

	2015	2014	2013
RLP	€273,629.99	€56,903.43	€14,137.21
ke	12%	12%	12%
ke*C'P$_{ip}$	€263,874.52	€273,670.47	€270,533.16
RR	**€9,755.47**	**-€216,767.04**	**-€256,395.95**

Resumindo, numa perspetiva económica, a evolução recente da atividade da empresa permitiu alcançar um patamar de rendibilidade que se pode considerar satisfatório, e que certamente reflete a capacidade competitiva da empresa. No entanto, apenas no último ano os indicadores apresentam valores que comparam bem com a média do setor e que respondem adequadamente às expectativas dos detentores de capital. Todavia, a sustentabilidade do crescimento continuado do volume de negócios (que cresceu 35% em 2015) ainda está por demonstrar, e a estrutura de capital pode ser otimizada, uma vez que a empresa tem condições para aumentar o seu nível de endividamento, caso assim o deseje.

6.3.4. Análise do risco

O plano estratégico da empresa, que inclui um elevado investimento no aumento da capacidade, para suportar o crescimento, que passará pela introdução de novos produtos e pela entrada em novos mercados, justifica a importância da análise do risco, sendo que apenas nos iremos concentrar nos dados históricos.

Contudo, para ter uma visão mais clara do risco, seria necessário analisar as perspetivas de desenvolvimento futuro e avaliar os projetos de investimento que a empresa se propõe realizar.

Para facilitar a análise, abaixo é apresentada uma tabela com informação considerada relevante.

6. O RELATÓRIO DE ANÁLISE ECONÓMICA E FINANCEIRA GLOBAL

RUBRICAS	SIGLA	2015	2014	2013
Volume de Negócios	VN	3,779,287.69	2,802,118.97	2,433,184.14
Outros Rendimentos Operacionais	ORO	122,170.34	22,183.63	67,894.06
Produção	**PRO = VN + ORO**	**3,901,458.03**	**2,824,302.60**	**2,501,078.20**
Gastos Operacionais Variáveis	GOV	-2,813,882.79	-2,028,122.27	-1,840,464.54
Margem de Contribuição	**MC = PROD – GOV**	**1,087,575.24**	**796,180.33**	**660,613.66**
Gastos Operacionais Fixos	GOF	-693,601.67	-690,507.84	-607,336.49
Resultados Operacional	**EBIT = MB- GOF**	**393,973.57**	**105,672.49**	**53,277.17**
Encargos Financeiros Líquidos	EFL	-15,194.90	1,968.76	3,242.34
Resultados antes de impostos	**EBT = EBIT – EFL**	**378,778.67**	**107,641.25**	**56,519.51**
Impostos	T	-105,148.68	-50,737.82	-42,382.30
Resultado Líquido do Período	**NI = EBT – T**	**273,629.99**	**56,903.43**	**14,137.21**

A margem de contribuição é de aproximadamente 28% nos últimos dois anos, registando-se uma ligeira melhoria face ao ano 2013, e os resultados operacionais, sempre positivos, registam uma evolução muito favorável, bem como o resultado líquido, sendo que o crescimento da produção permitiu diluir os custos fixos, cujo o aumento não acompanha o aumento das vendas. No entanto, constata-se que os custos com pessoal (a principal rubrica dos custos fixos) não registam um aumento tão significativo como seria de esperar, uma vez que parece ter ocorrido um desinvestimento em formação, uma vez que em 2015 não é contabilizado qualquer valor nesta rubrica, quando nos anos anteriores foi registado um valor de 3.000€ em 2014 e de 39.970.03€ em 2013. Esta situação poderá ter alguma explicação e não afeta substancialmente a análise, mas, noutras circunstâncias seria importante esclarecer a mesma, pois pode revelar uma alteração das práticas da empresa. Também se verifica que os juros suportados não influenciam de forma minimamente relevante os resultados obtidos.

Na tabela que se segue, apresentam-se os valores do ponto crítico operacional, da margem de segurança, do grau de alavancagem operacional (GAO), do grau de alavancagem financeira (GAF), e do grau de alavancagem combinada (GAC), sendo fácil constatar a redução do perfil de risco que acontece ao longo do período em análise, em particular do risco operacional. De salientar que a margem de segurança passa de 8% em 2013 para 36% em 2015, e o grau de alavanca operacional de 12,40 para 2,76, o que garante algum conforto à empresa para avançar com novos projetos.

EXERCÍCIOS DE ANÁLISE FINANCEIRA

Análise do Risco		OMEGA		
		2015	2014	2013
Ponto crítico	GOF / MC%	2,488,157€	2,449,449€	2,299,371€
Margem de segurança	1- GOF / MC	36%	13%	8%
GAO	MC / EBIT	2.76	7.53	12.40
GAF	EBIT / EBT	1.04	0.98	0.94
GAC	GAO * GAF	2.87	7.40	11.69

Analisando os dados históricos, do triénio 2015-2013, destaca-se a diminuição do risco operacional e a irrelevância do risco financeiro, reduzindo-se o grau de alavanca combinado de 11,69 em 2013 para 2,87 em 2015. Todavia, tendo em conta a informação que foi possível apurar quanto aos planos da empresa, que incluem projetos que requerem um investimento elevado, prevê-se que o risco aumente nos próximos anos, ainda que a situação em 2015 transmita alguma segurança quanto à capacidade da empresa de fazer face a novos desafios. Não sendo possível, por falta de elementos, antecipar retorno e avaliar o risco dos projetos a desenvolver, também é de referir que os mesmos parecem fazer todo o sentido, numa perspetiva estratégica.

6.2.5. Síntese e perspetivas de evolução futura

Em conclusão, a empresa em análise aparenta estar numa fase positiva, registando no último ano um crescimento muito significativo, que se prevê que continue nos próximos anos. A rendibilidade obtida em 2015 é satisfatória e os planos de investimento indiciam confiança no futuro por parte da equipa de gestão. Do ponto de vista financeiro, também podemos considerar que a empresa apresenta uma situação equilibrada no final de 2015, com uma confortável autonomia financeira de 77% e disponibilidades que lhe garantem alguma segurança. O perfil de risco também evoluiu favoravelmente, verificando-se uma redução significativa do risco operacional.

Confrontando o crescimento previsto para o próximo ano, 50%, com a taxa de crescimento sustentável que determinámos, 10%, o financiamento do plano de expansão da empresa parece ser um dos aspetos mais relevantes a explorar, embora não seja possível de analisar sem informações adicionais e detalhadas dos projetos de investimento. Em todo o caso, o recurso a endividamento bancário afigura-se como uma solução, sendo que a estrutura de capital poderá ser otimizada por essa via. Naturalmente, o risco será superior, mas tudo indica que este terá sido devidamente ponderado e possivelmente mitigado.

Finalmente, tal como nos casos anteriores, apresenta-se no quadro abaixo uma síntese dos principais pontos fortes e fracos detetados na análise.

Área	Pontos fortes	Pontos fracos
Financeira	Evolução favorável da situação financeira, que se apresenta equilibrada no final do período em análise; Empresa sólida financeiramente; Evolução favorável dos rácios de funcionamento.	Disponibilidades (caixa e depósitos à ordem) excedentárias, não rentabilizadas.
Económica	Crescimento significativo do volume de negócios; Evolução favorável da rendibilidade; Indicadores de rendibilidade satisfatórios no último ano em análise.	Estrutura de capital não está otimizada; Embora o resultado residual seja positivo no último ano, a empresa não parece ter criado valor para os detentores de capital nos exercícios de 2014 e 2013.
Risco	Baixo risco financeiro; Redução do risco operacional.	Investimentos a realizar irão ter como efeito previsível um aumento do risco.

BIBLIOGRAFIA

Borges, A., Rodrigues, R., Rodrigues, A., Elementos de Contabilidade Geral, 25ª Edição, Áreas Editora, 2010.

Cohen, E., Análise Financeira, Editorial Presença, 1996.

Fridson, M., Alvarez, F., Financial Statement Analysis: A Practitioner's Guide, 4th Edition, Wiley Finance, 2011.

Higgins, R., Analysis for Financial Management, 10th Edition, McGraw-Hill/Irwin, 2011.

Martins, A., Introdução à Análise Financeira de Empresas, 2ª Edição, Grupo Editorial Vida Económica, 2004.

Moreira, J., Análise Financeira de Empresas – da teoria à prática, 4ª Edição, Associação da Bolsa de Derivados do Porto, 2001.

Mota, A., Barroso, C., Nunes, J., Ferreira, M., Finanças da Empresa – Teoria e Prática, 4ª Edição, Edições Sílabo, 2012.

Neves, J., Análise e Relato Financeiro – Uma Visão Integrada de Gestão, Texto Editores, 2012.

Neves, J., Avaliação e Gestão da Performance Estratégica da Empresa, Texto Editores, 2005.

Penman, S., Financial statement analysis and security valuation, 5th Edition, McGraw-Hill, 2013.

Soares, I., Moreira, J., Pinho, C., Couto, J., Decisões de Investimento – Análise Financeira de Projetos, 3ª edição, Edições Sílabo, 2012.

Vernimmen, P., Quiry, P., Dallochio, M., Le Fur, Y., Salvi, A., Corporate Finance: Theory and Practice, 4th Edition, John Wiley & Sons, 2014.